Philip Kiefer

W0069380

# iPhone
## Tipps und Tricks zu iOS 10

# iPhone

## Tipps und Tricks zu iOS 10

PHILIP KIEFER

ISBN 978-3-95982-069-1

© 2017 by Markt+Technik Verlag GmbH
      Espenpark 1a
      90559 Burgthann

**Produktmanagement** Christian Braun, Burkhardt Lühr
**Lektorat, Herstellung** Jutta Brunemann, j.brunemann@mut.de
**Covergestaltung** David Haberkamp
**Coverfoto** © Tanja Binder
**Satz** inpunkt[w]o, Haiger (www.inpunktwo.de)
**Druck** Media-Print Informationstechnologie GmbH, Paderborn
Printed in Germany

# Inhaltsverzeichnis

# 1. Mehr rausholen aus Ihrem iPhone mit iOS 10

Das erste iPhone kam im Jahr 2007 auf den Markt. Seither ist es für viele Menschen zum unverzichtbaren Begleiter im Alltag und Beruf geworden. Fast zeitgleich mit den jüngsten Modellen – dem iPhone 7 und dem iPhone 7 Plus – wurde auch die neue Version des iPhone-Betriebssystems iOS, nämlich iOS 10, veröffentlicht. Dieses Betriebssystem kann auch auf älteren iPhones ab dem iPhone 5 installiert werden.

*Diese Abbildung zeigt das iPhone 7 und seinen großen Bruder, das iPhone 7 Plus. (Quelle der Abbildung: Apple)*

In diesem Buch erhalten Sie eine Menge Tipps und Tricks aus meiner langjährigen iPhone-Praxis. Der Schwerpunkt liegt dabei auf den Neuerungen unter iOS 10, aber ich möchte Ihnen auch einiges Altbewährtes vorstellen, das noch nicht jeder iPhone-Nutzer kennt, das aber sehr nützlich sein kann.

Einige der Funktionen sind an die Hardware gebunden, stehen also nur auf den neuesten iPhone-Modellen zur Verfügung, die meisten der geschilderten Funktionen können jedoch auf jedem iPhone mit iOS 10 verwendet werden.

Ich gehe davon aus, dass Sie Ihr iPhone bereits in Betrieb genommen haben und auch mit den grundlegenden Bedienfunktionen vertraut sind. Falls Ihnen die Basics noch nicht geläufig sein sollten, würde ich Ihnen gern mein Buch »iPhone 7 und 7 Plus« empfehlen, das auch (aber nicht nur) die Grundlagen behandelt (ISBN 978-3-95982-066-0, ebenfalls erschienen bei Markt+Technik).

## Die wichtigsten Neuerungen unter iOS 10 im Überblick

Das iPhone-Betriebssystem iOS 10 weist im Vergleich zu den Vorgängerversionen einige interessante Neuerungen auf. Lassen Sie mich Ihnen kurz die wichtigsten Highlights vorstellen:

- Wer bereits ein iPhone genutzt hat, wird es sofort bemerken: Ein iPhone mit iOS 10 schaltet sich beim Anheben standardmäßig automatisch ein. Bisher musste hierzu entweder die Home-Taste oder der Ein-/Ausschalter betätigt werden.

- Ebenfalls neu hinzugekommen ist die App *Home*, die der Steuerung von kompatiblen Hausgeräten dient. Verfügen Sie über entsprechende Geräte, können Sie mit dieser App beispielsweise die Temperatur der Heizkörper anpassen, die elektrischen Rollläden schließen oder in einem Raum das Licht einschalten.

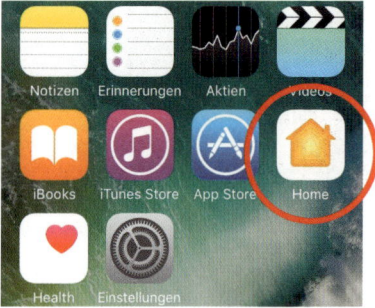

- Die App *Musik* wurde neu designt und lässt sich – im Vergleich mit der Vorgängerversion – endlich wieder einigermaßen übersichtlich nutzen, etwa was die Auswahl in der Mediathek betrifft.

- Außer Wortvorschlägen werden Ihnen beim Eintippen von Texten in verschiedenen Apps oberhalb der iPhone-Tastatur nun auch passende Symbole (Emojis) zur Auswahl angeboten. Antippen genügt!

- Wenn Sie Texte in mehreren Sprachen schreiben, müssen Sie unter iOS 10 nicht unbedingt die Tastatur wechseln. Schreiben Sie normalerweise Texte auf Deutsch, haben aber auch eine englische Tastatur hinzugefügt, erhalten Sie beim Eintippen auch englische Wortvorschläge.

- Die App *Nachrichten* wartet mit einer Menge neuer Funktionen auf. So lassen sich unter iOS 10 nun auch handschriftliche Nachrichten sowie selbst gezeichnete Animationen (Digital-Touch-Nachrichten) versenden. Erhaltene Nachrichten können Sie auf einfache Weise mit einer Sprechblase kommentieren; im App Store lassen sich außerdem spezielle Sticker für iMessage erwerben.

- Per 3D Touch auf ein App-Symbol lassen sich jetzt nicht mehr nur verschiedene Funktionen, sondern auch Informationen aufrufen, etwa die aktuelle Wetterprognose, wenn Sie das Symbol der App *Wetter* gedrückt halten. Die Funktion 3D Touch steht allerdings erst auf iPhones ab Version 6s zur Verfügung.

- Die Sprachassistentin Siri lässt sich unter iOS 10 auch mit Apps verschiedener Drittanbieter nutzen. Befehlen Sie Siri z. B. »Sende eine Nachricht an Klaus mit WhatsApp« oder »Ruf Paula an mit Skype«.

- Die App *Karten* wurde nicht nur optisch überarbeitet, sondern macht nun auch diverse Vorschläge, etwa zu Einkehrmöglichkeiten entlang einer von Ihnen geplanten Route.

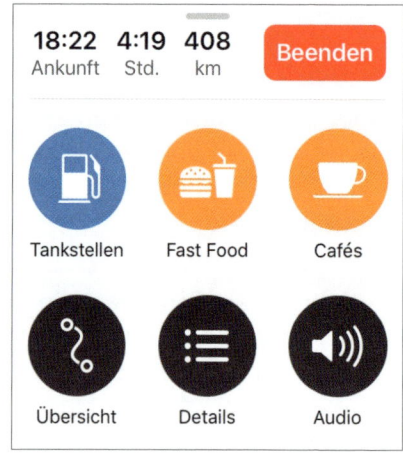

- In der App *Fotos* finden Sie eine neue Rubrik *Andenken* mit automatisch generierten Diashows. Als besonders praktisch kann sich außerdem die intelligente Suche erweisen, mit deren Hilfe Sie Bilder zu unterschiedlichen Themen schnell aufspüren können.

- Und es gibt noch viele kleinere Neuerungen in den verschiedenen Apps: die Möglichkeit, in der App *Uhr* eine Schlafenszeit zu bestimmen, einen neuen E-Mail-Filter in der App *Mail*, ein neues Design in der App *Health* etc. Das macht Lust, Neues zu entdecken!

# 2. Tolle Tipps und Tricks zu Tastatur, Siri und Touchscreen

Wollen Sie zukünftig noch mehr aus der iPhone-Tastatur und der Sprachassistentin Siri herausholen sowie geheime Funktionen für die iPhone-Bedienung kennenlernen? In diesem Kapitel finden Sie eine Menge Tipps und Tricks zu diesem Thema: Erfahren Sie, wie Sie die iPhone-Tastatur perfekt einrichten, nutzen Sie Siri ab iOS 10 auch mit Apps von Drittanbietern und steuern Sie das iPhone mit nützlichen Bedienungshilfen!

## Icon-Vorschläge nutzen – oder auch nicht

Standardmäßig macht Ihnen Ihr iPhone oberhalb der Tastatur Wortvorschläge, während Sie Text eintippen, sodass Sie ein Wort lediglich antippen müssen, um es einzufügen. Unter iOS 10 werden Ihnen diese Wortvorschläge auch in mehreren Sprachen gemacht, sofern Sie eine fremdsprachige Tastatur hinzugefügt haben (dazu gleich mehr). In einigen Fällen werden Ihnen außerdem Icons zur Auswahl angeboten – tippen Sie beispielsweise das Wort »Herz« ein, können Sie statt des Wortes auch ein Herz-Icon einfügen, tippen Sie »lachen« ein, wird ein entsprechender Smiley angeboten etc.

*Unter iOS 10 erhalten Sie nicht mehr nur Wort-, sondern auch Icon-Vorschläge.*

## Störende Tastaturfunktionen abschalten

Viele der Tastaturfunktionen auf Ihrem iPhone sind extrem praktisch, manche könnten Sie jedoch auch als nervig empfinden. Wie Sie potenziell nervige Funktionen mit wenigen Handgriffen deaktivieren, lesen Sie im Folgenden.

## Lieber keine Vorschläge?

Vielleicht fühlen Sie sich durch die Wort- und Icon-Vorschläge während des Eintippens von Text eher gestört und möchten diese Funktion lieber abschalten?

Möchten Sie die Vorschläge oberhalb der Tastatur ausblenden, gehen Sie in die *Einstellungen*, wählen *Allgemein* und dann *Tastatur*, um schließlich den Schalter *Vorschläge* zu deaktivieren.

## Tastatur nur mit Großbuchstaben?

Wie Sie sicherlich bereits festgestellt haben, zeigt Ihnen die iPhone-Tastatur jeweils an, ob Sie gerade einen Klein- oder einen Großbuchstaben eintippen. Sie erkennen dies zwar auch am Erscheinungsbild der ⇧-Taste, doch so ist es wirklich eindeutig.

Wenn Sie aber die aus früheren iOS-Versionen gewohnte Tastatur bevorzugen, auf der nur die Großbuchstaben zu sehen sind, tippen Sie in den *Einstellungen* unter *Allgemein* auf *Tastatur* und deaktivieren den Schalter *Zeichenvorschau*.

**Schneller umschalten**

Apropos ⬆-Taste: Wenn Sie auf der iPhone-Tastatur von Klein- auf Großschreibung umschalten möchten, können Sie einfach die ⬆-Taste antippen und gedrückt halten und dann mit dem Finger zum gewünschten Buchstaben ziehen.

Und falls Sie beim Eintippen eines Textes mal auf dem falschen Buchstaben landen sollten, brauchen Sie den Finger lediglich auf den gewünschten anderen Buchstaben zu ziehen – das iPhone setzt nur den Buchstaben, den Sie zuletzt loslassen.

## Wenn Sie sich von der Auto-Korrektur genervt fühlen

Als sehr nervig wird von vielen iPhone-Nutzern die Auto-Korrektur empfunden. Wenn Sie einen Text schreiben und das iPhone ein Wort nicht erkennt, wird dieses durch ein anderes Wort ausgetauscht – ob Sie das wollen oder nicht. Erst wenn Sie das Wort korrigieren, wird es nicht mehr automatisch ersetzt.

Die Auto-Korrektur lernt zwar dazu, aber bis es so weit ist, kann sie viele Nerven kosten. Falls Sie die Funktion lieber abschalten möchten, öffnen Sie die *Einstellungen* und wählen *Allgemein*. Unter *Tastatur* deaktivieren Sie den Schalter *Auto-Korrektur*.

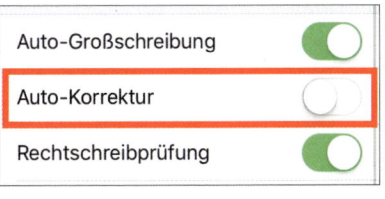

Wesentlich dezenter als die Auto-Korrektur ist die Funktion *Rechtschreibprüfung*, die Sie aktiviert lassen sollten. Bei dieser Funktion werden Wörter, die das iPhone nicht erkennt, lediglich rot unterstrichen dargestellt.

Tippen Sie ein auf diese Weise markiertes Wort an, um im sich öffnenden Menü einen Wortvorschlag auswählen zu können.

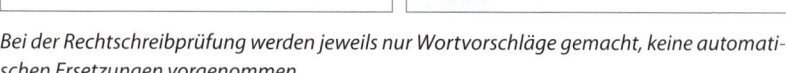

*Bei der Rechtschreibprüfung werden jeweils nur Wortvorschläge gemacht, keine automatischen Ersetzungen vorgenommen.*

> **Vorsicht! Das iPhone merkt sich auch Fehler**
>
> Auch das sollten Sie wissen: Wenn Sie ein Wort öfter falsch eintippen, kann es passieren, dass Ihnen das iPhone später immer das falsch geschriebene Wort unterjubeln möchte. Um das gemerkte »Wörterbuch« zurückzusetzen, wählen Sie in den *Einstellungen* den Eintrag *Allgemein* und dann ganz unten *Zurücksetzen*. Entscheiden Sie sich anschließend für *Tastaturwörterbuch*.

Oder haben Sie sich vertippt und möchten lediglich die letzte Eingabe rückgängig machen? Dazu schütteln Sie Ihr iPhone (halten Sie es dabei fest in der Hand!) und wählen anschließend die Option *Widerrufen*. Durch erneutes Schütteln lässt sich das Eingeben wiederholen.

# Die iPhone-Tastatur anpassen

Wollen Sie auf Ihrem iPhone Texte in mehreren Sprachen verfassen oder möchten Sie eine ganz andere iPhone-Tastatur verwenden? Wie Sie die iPhone-Tastatur entsprechend anpassen, lesen Sie auf den nächsten Seiten.

## Emoji-Tastatur verwenden

Standardmäßig stehen Ihnen auf dem iPhone zunächst zwei Tastaturen zur Verfügung: eine Tastatur in der Sprache, die Sie beim Einrichten des iPhones ausgewählt haben, sowie eine Emoji-Tastatur, auf der Sie die verschiedensten Icons auswählen können.

Sind lediglich diese beiden Tastaturen vorhanden, tippen Sie, um die Emoji-Tastatur aufzurufen, auf die Taste ☺ und wählen dann eines oder mehrere Icons aus, die Sie einfügen möchten. Mit der Taste *ABC* gelangen Sie zurück zur normalen Tastaturebene.

*Das iPhone bietet Smileys und andere Emojis für viele Anlässe. Zu beachten ist allerdings, dass ein Emoji auf einem Nicht-Apple-Gerät unter Umständen anders dargestellt wird.*

Icons, die Personen zeigen, gibt es auf dem iPhone übrigens in verschiedenen Hautfarben. Halten Sie ein Personen-Icon gedrückt, um die entsprechende Auswahl zu erhalten.

## Weitere Tastaturen hinzufügen

Zum Eintippen von Texten in fremden Sprachen – etwa Chinesisch – fügen Sie weitere Tastaturen hinzu. Gehen Sie dazu folgendermaßen vor:

**1** Öffnen Sie die *Einstellungen* und wählen Sie den Eintrag *Allgemein*.

**2** Entscheiden Sie sich für *Tastatur*.

**3** Tippen Sie nun auf *Tastaturen*, um eine Übersicht über die verfügbaren Tastaturen zu erhalten.

**4** Tippen Sie jetzt auf *Tastatur hinzufügen*.

**5** Wählen Sie die gewünschte Tastatur aus.

Möchten Sie umgekehrt eine Tastatur löschen? Dazu tippen Sie die Tastatur an und ziehen den Finger nach links. Tippen Sie anschließend auf *Löschen*.

Haben Sie auf diese Weise mindestens eine weitere Tastatur hinzufügt, erscheint auf der iPhone-Tastatur die Taste ⊕, um zwischen den Tastaturen zu wechseln. Halten Sie die Taste gedrückt, um ein Auswahlmenü zu öffnen.

*Entscheiden Sie sich für diejenige Tastatur, die Sie als Nächstes für die Texteingabe verwenden möchten.*

**Größere Tastatur gewünscht?**

Falls Ihnen die Tasten auf der iPhone-Tastatur nicht groß genug sein sollten, drehen Sie das iPhone ins Querformat. Die Tasten sind im Querformat deutlich größer. Gegebenenfalls werden Ihnen außerdem zusätzliche Tastaturfunktionen angeboten.

## Tastatur eines Drittanbieters nutzen

Wenn Ihnen die Standardtastatur des iPhones nicht zusagt, lässt sich diese durch die Tastatur eines Drittanbieters ersetzen. Wenn Sie im App Store nach dem Begriff *tastatur* suchen, finden Sie eine stattliche Anzahl entsprechender Apps. Hier stelle ich das Einrichten anhand der App *SwiftKey Tastatur* vor:

**1** Laden Sie die Tastatur-App aus dem App Store.

**2** Wählen Sie in den *Einstellungen* unter *Allgemein/Tastatur/Tastaturen* wieder die Option *Tastatur hinzufügen*.

**3** Entscheiden Sie sich für die heruntergeladene Drittanbieter-App. Bestimmen Sie, ob Sie der App den Vollzugriff erlauben wollen oder nicht.

**4** Schon kann die Drittanbieter-Tastatur für die Texteingabe verwendet werden.

# Weitere nützliche Tastaturfunktionen einsetzen

Lassen Sie mich Ihnen auf den folgenden Seiten noch ein paar weitere nützliche Tastaturfunktionen in einem kurzen Überblick vorstellen.

## Buchstabenvarianten aufrufen

Auf der iPhone-Tastatur werden nicht sämtliche verfügbaren Buchstabenvarianten eingeblendet. Um Varianten eines Buchstabens aufzurufen, halten Sie die entsprechende Buchstabentaste gedrückt. Halten Sie also beispielsweise die Taste *s* gedrückt, um ein *ß* auswählen zu können, oder halten Sie das *e* gedrückt, wenn Sie *é* eingeben möchten.

## Leichter zwischen Groß- und Kleinschreibung wechseln

Sie vermissen auf der iPhone-Tastatur eine Feststelltaste, um mehrere Großbuchstaben hintereinander einzugeben? Doppeltippen Sie zum Feststellen einfach auf die ⇪ -Taste. Ein einfacher Tipp auf die ⇪ -Taste löst die Feststellung auch wieder.

## Textersetzung verwenden, um Tipparbeit zu sparen

Äußerst praktisch, um sich einiges an Tipparbeit zu ersparen, ist die Textersetzung, die Sie in den iPhone-Einstellungen einrichten können. Zukünftig müssen Sie nur einen Kurzbefehl eintippen – dieser wird dann automatisch durch den zugrunde liegenden Text ersetzt. Um einen neuen Kurzbefehl einzurichten, gehen Sie so vor:

**1** Öffnen Sie die *Einstellungen* und entscheiden Sie sich unter *Allgemein* für den Eintrag *Tastatur*.

**2** Tippen Sie auf *Textersetzung*.

**3** Sie erhalten eine Übersicht bereits angelegter Kurzbefehle. Um einen neuen Kurzbefehl zu erstellen, tippen Sie rechts oben auf das Plussymbol +.

**4** Geben Sie den Text sowie den Kurzbefehl ein. Als Kurzbefehl eignen sich beispielsweise die Anfangsbuchstaben der im Text vorkommenden Wörter.

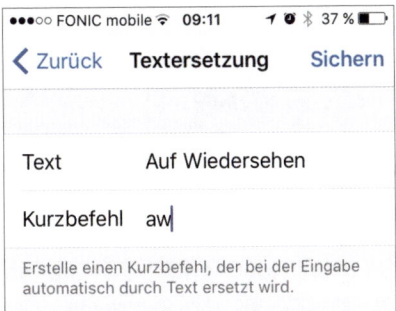

**5** Bestätigen Sie das Ganze mit *Sichern*.

Das war es bereits. Wenn Sie nun den Kurzbefehl irgendwo eingeben und die *Leerzeichen*-Taste oder die *Return*-Taste drücken, wird der Kurzbefehl automatisch in den entsprechenden Text umgewandelt.

---

**Punkt und Leerzeichen gleichzeitig setzen**

Ein ebenfalls nützlicher Kurzbefehl, der auf dem iPhone standardmäßig aktiviert ist, nennt sich „."-*Kurzbefehl*. Doppeltippen Sie am Satzende auf die *Leerzeichen*-Taste, um gleichzeitig einen Punkt und ein nachfolgendes Leerzeichen zu setzen.

---

## Text formatieren

In bestimmten Apps lässt sich der geschriebene Text fett, kursiv oder unterstrichen formatieren. Doppeltippen Sie beispielsweise in der App *Notizen* auf ein Wort und passen Sie gegebenenfalls durch Ziehen des Symbols ● den markierten Bereich

an. Im sich öffnenden Menü blättern Sie per Symbol  zur Option **B**/U̲. Wählen Sie anschließend die gewünschte Formatieroption aus. Es können auch mehrere Formatierungen gleichzeitig eingesetzt werden.

*Hier wurden in der Notizen-App alle drei Formatieroptionen auf ein Wort angewendet.*

## So geht Copy-and-paste auf dem iPhone

Wo wir gerade beim Formatieren waren: In dem Menü, das Sie durch das Markieren von Text in einer App öffnen, finden Sie auch Optionen zum Ausschneiden, Kopieren und Einsetzen (Copy-and-paste). So kopieren Sie beispielsweise Text von einer Webseite in eine E-Mail:

**1** Markieren Sie – in diesem Fall durch Gedrückthalten und Streichen – den Text auf einer Webseite und wählen Sie im sich öffnenden Menü die Option *Kopieren*. In Apps, in denen auch das Ausschneiden möglich ist, wird zusätzlich die Option *Ausschneiden* angeboten.

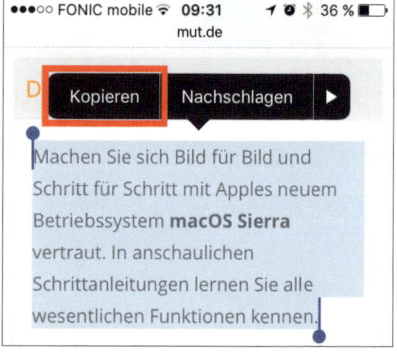

**2** Öffnen Sie eine E-Mail und tippen Sie mit dem Finger auf eine freie Fläche. Entscheiden Sie sich nun für die Option *Einsetzen*.

**3** Der zuvor in die Zwischenablage kopierte Text wird prompt in die E-Mail eingefügt. Die verfügbaren Formatierungen bleiben dabei erhalten.

---

**Auch das geht: Copy-and-paste von Bildern**

Es lassen sich auch Bilder von Webseiten kopieren. Halten Sie das Bild dazu gedrückt. Es öffnet sich ein Menü, in dem Sie *Kopieren* wählen. Wiederum entscheiden Sie sich andernorts für die Option *Einsetzen*.

Mit *Bild sichern* können Sie ein Bild alternativ in der App *Fotos* speichern. Achten Sie beim Kopieren darauf, dass dem Bild kein Link mehr zugrunde liegt – ansonsten wird nur der Link kopiert, nicht das Bild selbst.

---

## Ihre Texte ganz einfach diktieren

Statt Ihre Texte einzutippen oder aus der Zwischenablage einzufügen, lassen sich diese auch diktieren. Das klappt sehr gut und erfordert nur etwas Übung. Die Diktierfunktion lässt sich unabhängig von Siri aktivieren, und zwar in den *Einstel-*

*lungen* unter *Allgemein* und dort ganz unten unter *Tastatur* mit der Option *Diktierfunktion aktivieren*. Zunächst ist es wichtig zu wissen, dass Ihre diktierten Texte über das Internet verschickt und auf einem Apple-Server analysiert werden – und das nicht mal anonymisiert.

Bei Topsecret-Texten sollten Sie daher lieber nicht von der Diktierfunktion Gebrauch machen!

Um die Diktierfunktion in einer App einzusetzen, tippen Sie auf der iPhone-Tastatur auf die Mikrofontaste 🎤. Danach sprechen Sie Ihren Text ein. Bei längeren Texten gehen Sie satzweise vor. Wichtig ist: Sprechen Sie auch die Satzzeichen mit, diktieren Sie also etwa »Hallo Komma wie geht es dir Fragezeichen Neue Zeile«. Bestätigen Sie zum Schluss mit *Fertig*. Prüfen Sie nun noch nach, ob Ihr iPhone Sie richtig verstanden hat! Falls nicht, führen Sie notwendige Korrekturen von Hand durch.

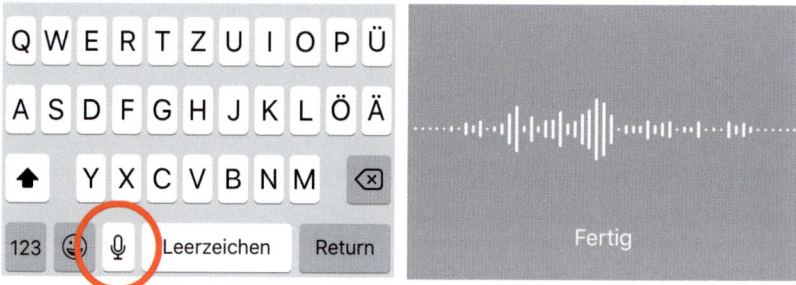

*Tippen Sie auf die Mikrofontaste, um die Diktierfunktion Ihres iPhones zu verwenden.*

Ein Diktat lässt sich alternativ auch per Siri starten, indem Sie der Sprachassistentin beispielsweise befehlen, eine neue Nachricht oder E-Mail zu erstellen. Entnehmen Sie der folgenden Tabelle wichtige Sprachbefehle für Ihre Diktate.

| Befehl | Ergebnis |
| --- | --- |
| Neue Zeile | Erstellt eine neue Zeile. |
| Neuer Absatz | Erstellt einen neuen Absatz. |
| Punkt | . |
| Fragezeichen | ? |
| Ausrufezeichen | ! |
| Komma | , |
| Semikolon | ; |
| Doppelpunkt | : |

| Befehl | Ergebnis |
|---|---|
| Bindestrich (diktieren Sie diesen bei zusammengesetzten Wörtern jeweils mit) | - |
| Gedankenstrich | – |
| Klammer auf | ( |
| Klammer zu | ) |
| Eckige Klammer auf | [ |
| Eckige Klammer zu | ] |
| Geschweifte Klammer auf | { |
| Geschweifte Klammer zu | } |
| Apostroph | ' |
| Anführungszeichen unten | „ |
| Anführungszeichen oben | " |
| Zitatanfang | » |
| Zitatende | « |
| Auslassungszeichen | … |
| Eurosymbol, Sternchen, Paragrafzeichen, Pluszeichen, Klammeraffe etc. (nennen Sie jeweils das gewünschte Sonderzeichen) | €, *, §, +, @ etc. |
| Eintausendzweihundertneunundfünfzig | 1259 |
| Römisch Eintausendzweihundertneunundfünfzig | MCCLIX |
| Zehnter Juni Zweitausendsechzehn | 10. Juni 2016 |
| Zehn Uhr Fünfzehn (oder auch Viertel nach Zehn) | 10:15 Uhr |
| Elf Euro Achtunddreißig | 11,38 € |
| Fünfzig Zentimeter | 50 cm |
| Smiley Gesicht | :-) |
| Zwinkerndes Gesicht | ;-) |
| Trauriges Gesicht | :-( |
| Lachendes Gesicht | :-D |

> **Ein Wort soll ausschließlich in Großbuchstaben diktiert werden?**
>
> Wenn Sie Text ausschließlich in Großbuchstaben diktieren möchten, dann geben Sie vor der entsprechenden Passage den Befehl »Groß-schaltung anfangen«. Nach dem Diktieren der großgeschriebenen Wörter sagen Sie dann »Großschaltung beenden«.

## Die Sprachassistentin Siri clever nutzen

Wenn Sie sich an das Einrichten Ihres iPhones erinnern, wissen Sie, dass Ihnen die Sprachassistentin Siri nicht nur zuhören kann, wenn Sie die Home-Taste gedrückt halten, sondern auch, wenn Sie die Option

| „Hey Siri" erlauben | ◯ |
| --- | --- |
| Du kannst jederzeit mit Siri sprechen, ohne die Home-Taste zu drücken, indem du „Hey Siri" sagst. | |

*„Hey Siri" erlauben* aktiviert haben. Prüfen Sie dies in den *Einstellungen* unter *Siri*. Wenn Sie die Option erst noch aktivieren müssen, sprechen Sie die fünf auf dem Bildschirm angezeigten Befehle ins Mikrofon, um die Funktion zu konfigurieren.

> **Sagen Sie Siri, wie sie Sie nennen soll!**
>
> Sie möchten von Siri mit Ihrem Spitznamen angesprochen werden? Sagen Sie zu Siri »Nenn mich Schatzi!« – zukünftig wird Siri dann diesen Spitznamen verwenden, wenn sie Sie mit Namen anspricht.

## Siri endlich auch mit Apps von Drittanbietern verwenden

Mit iOS 10 wurde die Sprachassistentin Siri für die Apps von Drittanbietern geöffnet, d. h., Sie können mit Siri Apps nicht nur öffnen, sondern auch app-spezifische Funktionen diktieren. Ich zeige Ihnen das Ganze am Beispiel von WhatsApp:

1 Die App ist bereits auf dem iPhone installiert. Öffnen Sie die *Einstellungen* und wählen Sie den Eintrag *Siri*.

2 Tippen Sie auf die Option *App-Support*.

3 Aktivieren Sie den App-Support für die gewünschte App, in diesem Fall also *WhatsApp*. (Wenn Sie hier die Option *WhatsApp* antippen, werden Ihnen im Siri-Handbuch, das ich Ihnen gleich vorstelle, entsprechende Befehlsbeispiele angezeigt, z. B. »Sende Lisa eine WhatsApp-Nachricht, dass ich in 15 Minuten da bin«.)

Ab sofort können Sie Siri auch Befehle für diese App erteilen. Welche das im Einzelnen sind, hängt von der verwendeten App ab.

## Auf dem iPhone ein Siri-Handbuch aufrufen

Sie können Siri so ziemlich alles befehlen und fragen – im Zweifelsfall startet die Sprachassistentin zumindest eine Websuche nach Ihrer
Spracheingabe. Ein Siri-Handbuch

mit den wichtigsten Befehlen finden Sie direkt auf dem iPhone. Um es
aufzurufen, halten Sie die Home-Taste gedrückt. Wenn Sie einen Moment
lang nichts sagen, gibt Ihnen Siri ein paar Beispiele für mögliche Befehle.
Tippen Sie dann auf das Fragezeichen ☒ links unten. Ihnen werden jetzt
verschiedene Befehlskategorien mit jeweils einem Beispiel angeboten.

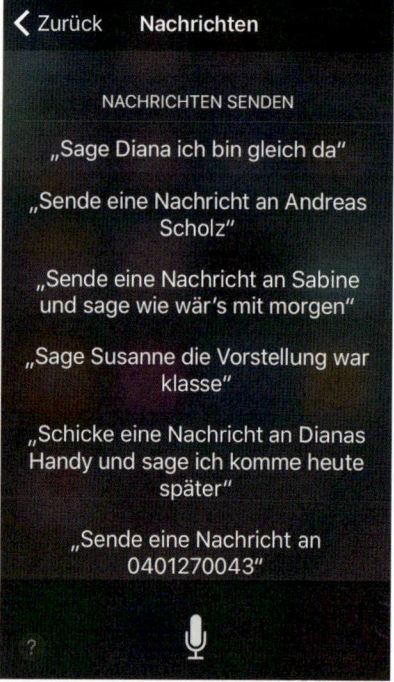

*Das »Siri-Handbuch« auf dem iPhone zeigt Ihnen, was Sie Siri so alles befehlen oder fragen
können – aber ohne Anspruch auf Vollständigkeit.*

Tippen Sie eine Kategorie an, um weitere Befehle aus dieser Kategorie zu erhalten. Die Übersicht mit den Befehlskategorien können Sie alternativ aufrufen, indem Sie Siri fragen: »Was kannst du?«.

Schauen Sie das Siri-Handbuch einfach mal durch, um Einblick in die Funktionsvielfalt der Sprachassistentin zu erhalten. Wussten Sie beispielsweise schon, dass Siri für Sie auch Einheiten und Währungen umrechnen kann?

## Aufgepasst! Mit Siri lässt sich die iPhone-Sperre umgehen

Natürlich ist es praktisch und sinnvoll, Siri auch im Sperrzustand des iPhones zu verwenden. Beachten Sie aber, dass dadurch auch im Sperrzustand auf bestimmte Daten zugegriffen werden kann, beispielsweise auf die Adressen Ihrer Kontakte (»Zeig mir die Adresse von Lieschen Müller«).

Um bei gesperrtem iPhone den Zugriff auf Siri abzuschalten, deaktivieren Sie in den *Einstellungen* unter *Touch ID & Code* und dort im Abschnitt *Im Sperrzustand Zugriff erlauben* den Schalter *Siri*.

| IM SPERRZUSTAND ZUGRIFF ERLAUBEN: | |
| --- | --- |
| Ansicht „Heute" | ⚪ |
| Mitteilungsansicht | ⚪ |
| Siri | 🟢 |
| Mit Nachricht antworten | ⚪ |
| Home-Steuerung | 🟢 |
| Wallet | ⚪ |

Durch zweimaliges Drücken auf die Home-Taste können Karten vom Sperrbildschirm aus bereitgehalten werden.

## Wenn Siri Sie falsch versteht

Falls Siri Sie einmal falsch verstehen sollte: Tippen Sie dann unterhalb des von Siri verstandenen Befehls auf *Zum Bearbeiten tippen*, dann können Sie anschließend eine manuelle Korrektur durchführen.

# Für die komfortable Texterfassung: Bluetooth-Tastatur mit dem iPhone verbinden

Da auf dem iPhone auch diverse Office-Apps laufen – beispielsweise die Textverarbeitungs-Apps *Pages* und *Word* –, lässt sich das Gerät auch zum Erstellen und Bearbeiten von Dokumenten einsetzen. Wenn da nur nicht die winzige Tastatur wäre. Abhilfe kann da eine Bluetooth-Tastatur schaffen, die drahtlos mit dem iPhone verbunden wird, und zwar folgendermaßen:

**1** Achten Sie zunächst darauf, dass Bluetooth auf Ihrem iPhone aktiviert ist. Sie erkennen dies am Symbol oben in der Statusleiste des iPhones. Falls Bluetooth deaktiviert sein sollte, streichen Sie das Kontrollzentrum vom unteren Display-Rand auf das Display. Tippen Sie auf das Symbol , um Bluetooth zu aktivieren. Alternativ aktivieren Sie die Bluetooth-Funktion in den *Einstellungen* unter *Bluetooth*.

**2** Nun schalten Sie Ihre Bluetooth-Tastatur ein. Bei meiner Tastatur des Herstellers GeneralKeys befindet sich der Ein-/Ausschalter auf der Rückseite des Gerätes. Aktivieren Sie außerdem die Bluetooth-Verbindung; bei meiner Tastatur muss ich hierzu mit einer aufgebogenen Büroklammer in ein kleines Loch rechts hinten in der Tastatur drücken.

**3** Ihr iPhone erkennt, dass ein Bluetooth-Gerät in der Umgebung zur Verfügung steht. Tippen Sie das erkannte Gerät in den *Einstellungen* unter *Bluetooth* an.

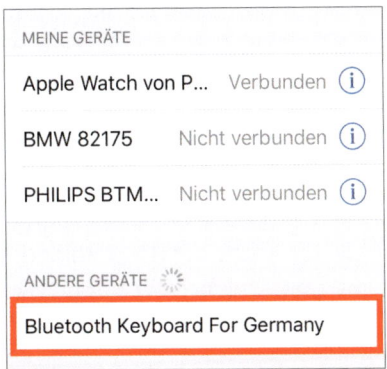

**4** Zum Schluss muss das Herstellen der Verbindung nur noch bestätigt werden, in diesem Fall durch einen vierstelligen Code, der auf der Tastatur eingetippt und per *Return*-Taste bestätigt wird. Anschließend steht die Verbindung, und Sie können Ihre Texte mit der Bluetooth-Tastatur eintippen.

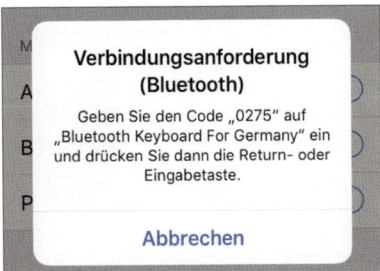

Auf diese Weise lassen sich außer Bluetooth-Tastaturen noch weitere Geräte wie Bluetooth-Headsets, Bluetooth-Stereoanlagen oder Bluetooth-Freisprecheinrichtungen mit dem iPhone verbinden. Allerdings ist Bluetooth nur für einen relativ geringen Geräteabstand von ca. 10 m geeignet – und da sollte dann auch keine Mauer dazwischen sein.

---

**Das neue Kontrollzentrum im Griff**

Das Kontrollzentrum kommt unter iOS 10 etwas anders daher als zuvor. Sie finden weiterhin die bekannten Funktionen, jedoch wurden die Funktionen für die Medienwiedergabe auf eine zweite Seite des Kontrollzentrums verschoben und Funktionen für die Home-Steuerung – sofern genutzt – auf eine dritte Seite.

Im Kontrollzentrum aktivieren Sie beispielsweise AirDrop, um auf die Schnelle Dateien mit anderen AirDrop-Nutzern in der Nähe auszutauschen. Ebenfalls praktisch: Der LED-Blitz des iPhones kann als Taschenlampe dienen – vergessen Sie aber nicht, die »Taschenlampe« nach Gebrauch wieder abzuschalten, dies geschieht nicht automatisch.

---

# Das iPhone per Kopfbewegung steuern und weitere pfiffige Bedienungshilfen einsetzen

Ebenfalls mit an Bord Ihres iPhones sind zahlreiche Bedienungshilfen, die in erster Linie für Personen mit Handicaps gedacht sind – aber auch Ihnen nützlich sein können!

Sie finden diese Bedienungshilfen in den *Einstellungen* unter *Allgemein* und dort unter *Bedienungshilfen*. Die folgende Tabelle gibt Ihnen den ultimativen Überblick, und zwar in der den Einstellungen entsprechenden Reihenfolge.

| Bedienungshilfe | Funktion |
|---|---|
| VoiceOver | Lassen Sie sich mit dieser Bedienungshilfe die Menüführung und Ihre sämtlichen Eingaben vorlesen. Sogar Blindenschriftgeräte lassen sich verbinden. Aber aufgepasst: Das Aktivieren von VoiceOver verändert die Bedienfunktionen des iPhones! |

| Bedienungshilfe | Funktion |
|---|---|
| Zoom | Wenn Sie diese Funktion aktivieren, wird auf dem iPhone-Display eine Lupe eingeblendet, die Sie mit dem Finger nach oben und unten ziehen können. |
| | Zum Aus- und erneuten Einblenden der Lupe doppel-tippen Sie mit drei Fingern auf das Display. |
| Lupe | Sie können auch das iPhone selbst als Lupe einsetzen, beispielsweise um das Kleingedruckte in einem Vertrag zu lesen. Dazu aktivieren Sie die Option *Lupe*. |
| | Gestartet wird die Lupe durch dreimaliges Betätigen der Home-Taste schnell hintereinander. |

| Bedienungshilfe | Funktion |
|---|---|
| Display-Anpassungen | Auch die Funktionen, die Sie unter diesem Eintrag finden, sind in erster Linie als Bedienungshilfe bei Seh-problemen gedacht, speziell die Option *Farben umkehren* kann jedoch auch bei starker Sonneneinstrahlung nützlich sein. Wenn Sie diese Option aktivieren, werden die Display-Inhalte prompt invertiert dargestellt. 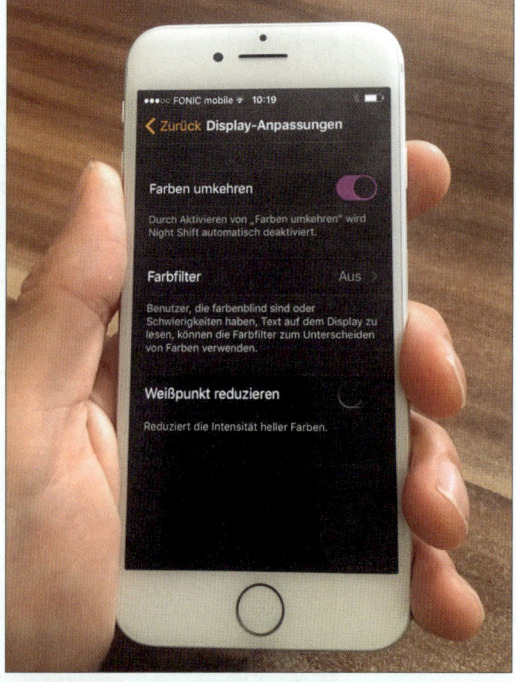 |
| Sprachausgabe | Sie möchten sich von Ihrem iPhone E-Mails und wei-tere Texte vorlesen lassen? Dann aktivieren Sie unter *Sprachausgabe* die Option *Auswahl sprechen*. Wenn Sie anschließend in einer App Text markieren, wird Ihnen das Sprechen des markierten Textes angeboten. Aktivie-ren Sie hingegen die Option *Bildschirminhalt sprechen*, ziehen Sie mit zwei Fingern vom oberen Display-Rand nach unten, um sämtliche Display-Inhalte vorzulesen. |

| Bedienungshilfe | Funktion |
| --- | --- |
| Größerer Text | Sie möchten die Textgröße in verschiedenen Apps wie z. B. *Mail*, *Kalender* oder *Kontakte* generell erhöhen? Hierzu entscheiden Sie sich einfach unter *Größerer Text* für die gewünschte Textgröße. |
| Fetter Text | Für noch bessere Lesbarkeit der Texte aktivieren Sie in den Bedienungshilfen zusätzlich diese Option. |
| Tastenformen | Wenn Sie diese Option einstellen, werden Menüpunkte in den *Einstellungen* sowie in den verschiedenen Apps etwas deutlicher dargestellt.<br><br>●●○○○ FONIC mobile 🔋 10:40      ⚹ 🔋<br>‹ Allgemein  **Bedienungshilfen** |
| Kontrast erhöhen | Dieser Eintrag bietet Ihnen zwei Optionen zur Erhöhung des Kontrastes, nämlich *Transparenz reduzieren* sowie *Farben abdunkeln*. |
| Bewegung reduzieren | Mit dieser Funktion werden unnötige Bewegungen auf dem Display abgeschaltet. |
| Schaltersteuerung | Dank der Schaltersteuerung lässt sich das iPhone auf vielfältige Weise bedienen – unter anderem auch durch Kopfbewegungen. Aktivieren Sie dazu in den Bedienungshilfen unter *Schaltersteuerung* die Option *Schaltersteuerung*. Tippen Sie dann auf *Schalter* und wählen Sie *Neuen Schalter hinzufügen*. Entscheiden Sie sich für die Quelle *Kamera* und bestimmen Sie anschließend, welche Aktion bei einer Kopfbewegung nach links oder rechts ausgeführt werden soll.<br><br>●●●○○ FONIC mobile 🔋 10:42      ⚹ 🔋<br>‹ Quelle      **Kamera**<br><br>Kopfbewegung links            ›<br><br>Kopfbewegung rechts           ›<br><br>Benutze die Schaltersteuerung, indem du deinen Kopf nach links oder rechts bewegst. |

| Bedienungshilfe | Funktion |
| --- | --- |
| Ein/Aus-Beschriftungen | Blenden Sie zur besseren Erkennbarkeit zusätzliche Symbole auf den Ein-/Ausschaltern in den *Einstellungen* ein. |
| AssistiveTouch | Sie möchten Ihr iPhone lediglich durch Tippen mit dem Finger bedienen? Dank AssistiveTouch lässt sich auch das problemlos bewerkstelligen. Nachdem Sie diese Bedienungshilfe aktiviert haben, erscheint links oben auf dem Display das Symbol ⬚. Tippen Sie dieses Symbol an, um unter den verschiedenen Bedienfunktionen auswählen zu können. Mit einem Fingertipp auf *Neue Geste erstellen* lassen sich benötigte Gesten individuell festlegen. |
| Touch-Anpassungen | Wenn Sie Probleme mit der Bedienung auf dem Touchscreen haben, nehmen Sie mit dieser Bedienungshilfe Anpassungen vor, etwa die Zeit, die vergehen muss, damit das Antippen mit dem Finger als solches erkannt wird. |
| 3D Touch | Legen Sie hier die Druckempfindlichkeit für den 3D Touch fest, falls Ihnen die Standard-Druckempfindlichkeit nicht zusagt. |
| Tastatur | Gefällt Ihnen die neue Tastatur mit den Kleinbuchstaben nicht? Hier können Sie diese abschalten sowie auch Einstellungen zu einer über Bluetooth verbundenen Tastatur vornehmen. |

| Bedienungshilfe | Funktion |
| --- | --- |
| Zum Widerrufen schütteln | Diese Funktionen kennen Sie bereits: Sie schütteln das iPhone, um eine Fehleingabe zu korrigieren. Wenn Sie die Funktion nicht nutzen möchten, lässt sie sich an dieser Stelle deaktivieren.<br><br>**Zum Widerrufen schütteln**<br><br>Wird das iPhone häufig aus Versehen geschüttelt, kann die Funktion „Zum Widerrufen schütteln" deaktiviert werden, sodass der entsprechende Hinweis nicht mehr angezeigt wird. |
| Vibration | Das iPhone kann Hinweise auch durch Vibrationen ausgeben. Entscheiden Sie per Schalter, ob Sie die Vibrationen nutzen möchten oder nicht. |
| Anrufaudio-ausgabe | Unter diesem Eintrag können Sie festlegen, ob die Anrufannahme immer auf einem Headset oder dem Lautsprecher erfolgen soll. |
| Home-Taste | Wie schnell muss das doppelte oder dreifache Drücken der Home-Taste erfolgen, um als Doppel- bzw. Dreifachtipp erkannt zu werden? Hier passen Sie die Geschwindigkeit an Ihre Bedürfnisse an. |
| Einhandmodus | Möchten Sie den Einhandmodus per Doppeltipp auf die Home-Taste aufrufen können oder nicht? Auch dies bestimmen Sie per Schalter in den Bedienungshilfen. |
| Hörgeräte | Wenn Sie über ein Hörgerät mit entsprechender Funktion verfügen, lässt sich dieses unter *Hörgeräte* mit dem iPhone verbinden.<br><br>**❮ Bedienungshilfen Hörgeräte**<br><br>GERÄTE<br><br>Suchen ...<br><br>„Made for iPhone-Hörgeräte" verbinden. Andere Hörgeräte werden in den Bluetooth-Einstellungen verbunden. |

| Bedienungshilfe | Funktion |
|---|---|
| LED-Blitz bei Hinweisen | Aktivieren Sie diese Option, wenn Ihnen der Hinweiston und die Vibration beim Eingehen von neuen E-Mails und Co. nicht ausreichen und Sie sich zusätzlich noch einen Hinweis durch den eingebauten LED-Blitz wünschen. |
| Mono-Audio | Schalten Sie mit dieser Option vom Stereoklang auf Monoklang um, falls Sie mit dem Stereoklang Probleme haben sollten. |
| Geräusch-unterdrückung | Diese Funktion dient dem Ausblenden von Hintergrund-geräuschen während Telefonaten, sofern Sie nicht die Freisprechfunktion nutzen. |
| Lautstärkebalance | Per Schieberegler sorgen Sie für eine perfekte Lautstärke-balance zwischen dem linken und rechten Gehörgang. |
| Untertitel & erweiterte Untertitel | Diese Möglichkeit dient dem Einblenden von Untertiteln bei der Videowiedergabe.<br><br>**Erweiterte Untertitel + UT**<br><br>Wenn verfügbar, erweiterte Untertitel oder Untertitel für Gehörlose und Hörgeschädigte bevorzugen.<br><br>**Stil**   Standard > |
| Audio-beschreibungen | Sofern in einem Medium Audiobeschreibungen enthal-ten sind, können Sie mit dieser Option deren Wieder-gabe aktivieren. |
| Geführter Zugriff | Verwenden Sie den geführten Zugriff, um das Aktivieren nicht gewünschter Funktionen von vornherein auszu-schließen oder bei bestimmten Funktionen eine »Kinder-sicherung« für andere Nutzer einzubauen. Wenn der ge-führte Zugriff aktiviert ist, öffnen Sie eine beliebige App und drücken dreimal schnell hintereinander die Home-Taste, um nun einzelne Funktionen der App durch Ein-kreisen zu deaktivieren. Unter der *Optionen*-Schaltfläche links unten lassen sich außerdem allgemeine Bedien-funktionen deaktivieren. |

| Bedienungshilfe | Funktion |
|---|---|
| Kurzbefehl | Hier schließlich entscheiden Sie, welche Bedienungshilfe Sie durch dreimaliges Drücken der Home-Taste schnell hintereinander aufrufen möchten. Wenn Sie nur eine Bedienungshilfe auswählen, wird diese direkt aktiviert, bei mehreren ausgewählten Bedienungshilfen erhalten Sie beim Dreifachklick ein entsprechendes Auswahlmenü. |

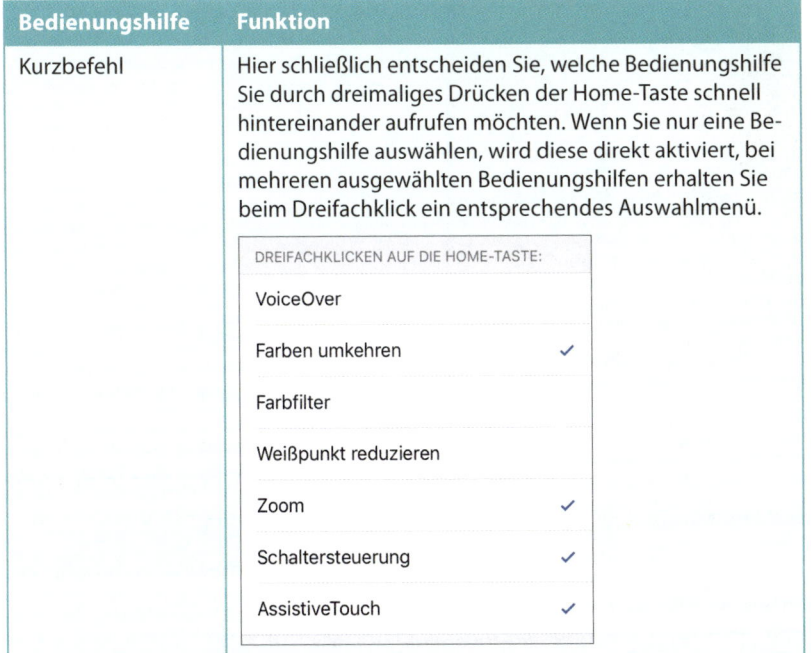

DREIFACHKLICKEN AUF DIE HOME-TASTE:

VoiceOver

Farben umkehren ✓

Farbfilter

Weißpunkt reduzieren

Zoom ✓

Schaltersteuerung ✓

AssistiveTouch ✓

## Auf den neuen iPhones 3D Touch verwenden

Wenn Sie über ein iPhone ab Version 6s verfügen, bieten sich Ihnen durch den 3D Touch zusätzliche Bedienfunktionen auf dem Touchscreen. Das 3D-Touch-Display kann nämlich unterschiedliche Druckstärken unterscheiden.

Wenn Sie mit einer normalen Druckstärke ein App-Symbol auf dem Home-Bildschirm gedrückt halten, wird der Bearbeitungszustand aktiviert. Durch stärkeres Drücken auf einem iPhone mit 3D-Touch-Display wird bei vielen Apps hingegen ein Kontextmenü aufgerufen, um schnell auf wichtige Funktionen dieser App zugreifen oder verschiedene Informationen abrufen zu können.

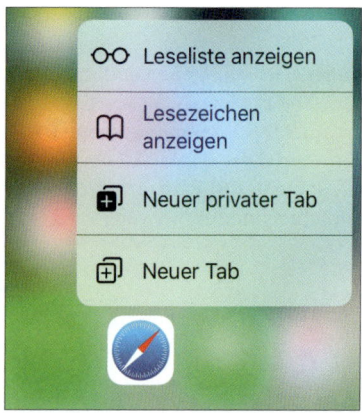

*Auf einem 3D-Touch-Display lässt sich bei vielen Apps durch Gedrückthalten eines App-Symbols das zugehörige Kontextmenü aufrufen.*

Eine weitere durch 3D Touch ermöglichte Funktion nennt sich »Peek und Pop«. Halten Sie ein Foto, eine E-Mail oder eine Konversation in der App *Nachrichten* gedrückt, um diese in einem Vorschaufenster anzuzeigen.

Es erfordert allerdings eine gewisse Übung, bis man die unterschiedlichen Druckstärken verinnerlicht hat. Die Funktion lässt sich in den *Einstellungen* unter *Allgemein/Bedienungshilfen* und dort unter *3D Touch* auch ganz abschalten.

# 3. Die besten Tricks rund um Ihre Apps

Der Home-Bildschirm ist anfangs sehr übersichtlich und besteht aus lediglich zwei Seiten. Aber das wird sich im Laufe der Zeit ändern, wenn Sie immer mehr Apps installieren. In diesem Kapitel finden Sie wichtige Tipps und Tricks, um selbst bei Hunderten auf dem iPhone installierter Apps den Überblick zu behalten. Außerdem erfahren Sie, wie Sie den App Store zukünftig noch cleverer nutzen können.

## Ihre Apps gekonnt in Ordnern sortieren

Apps, die Sie häufig verwenden, platzieren Sie prominent auf den ersten zwei bis drei Seiten des Home-Bildschirms. Die allerwichtigsten Apps kommen unten ins Dock, damit Sie auf allen Seiten des Home-Bildschirms darauf zugreifen können. Unter iOS 10 lassen sich auch viele der auf dem iPhone verfügbaren Standard-Apps vom Home-Bildschirm entfernen – sie lassen sich aber ebenso wie die nachträglich installierten Apps an einen anderen Ort verschieben.

Weniger häufig verwendete Apps sortieren Sie in Ordner ein, die Sie thematisch benennen. Erstellen Sie also Ordner wie *Gesundheit*, *Office*, *Medien*, *Unterwegs*, *Sprachen* etc. So wissen Sie stets, wo Sie bestimmte Apps suchen müssen. Neue Ordner sind schnell erstellt:

1 Tippen Sie eine beliebige App auf dem Home-Bildschirm an und halten Sie diese gedrückt. Sie befinden sich daraufhin im Bearbeitungszustand, was durch das Wackeln aller Apps signalisiert wird. Im Bearbeitungszustand können Sie eine App an

einen anderen Ort ziehen oder diese durch Antippen des zugehörigen Kreuzsymbols ⊗ löschen.

**2** Um einen Ordner zu erstellen, tippen Sie auf eine App und ziehen diese auf eine thematisch ähnliche App.

**3** Der Ordner wird angelegt und automatisch benannt. Um einen eigenen Ordnernamen einzugeben, löschen Sie die Vorgabe per Kreuzsymbol ⊗ und tippen den gewünschten Namen ein. Bestätigen Sie Ihre Eingabe auf der Tastatur mit *Fertig*.

**4** Um den Ordner zu verlassen, ohne den Bearbeitungszustand zu beenden, tippen Sie auf eine freie Fläche des Home-Bildschirms. Ziehen Sie anschließend weitere Apps auf den Ordner, um sie diesem hinzuzufügen.

**5** Drücken Sie zum Schluss die Home-Taste, um den Bearbeitungszustand zu beenden.

Gut zu wissen: Sowohl auf dem Home-Bildschirm als auch innerhalb eines Ordners lassen sich neue Seiten anlegen, indem Sie eine App über den Rand hinausziehen.

---

### Noch mehr Platz für Apps durch Abschalten des Anzeigezooms

Die neueren iPhones zeichnen sich durch ein relativ großes Display aus. Bei der Inbetriebnahme dieser Geräte wird Ihnen deshalb angeboten, von einem Anzeigezoom Gebrauch zu machen, der die Symbole vergrößert darstellt – dafür ist pro Seite des Home-Bildschirms eine Reihe weniger Platz für Apps.

Um diesen Platz zurückzugewinnen, schalten Sie den Anzeigezoom, sofern aktiviert, wieder ab. Öffnen Sie dazu die *Einstellungen* und wählen Sie *Anzeige & Helligkeit*. Tippen Sie im Abschnitt *Anzeigezoom* auf *Anzeigen*, wählen Sie *Standard* und bestätigen Sie mit *Einstellen*.

---

## Apps komfortabler am PC anordnen

Alternativ lässt sich zum Anordnen von Apps auf dem iPhone auch iTunes verwenden. Auf dem Mac steht iTunes bereits zur Verfügung; iTunes für Windows laden Sie unter der Webadresse www.apple.com/de/itunes aus dem Internet.

Wählen Sie das verbundene iPhone in iTunes aus. Entscheiden Sie sich in der Leiste links für den Eintrag *Apps*, um eine Übersicht über die Seiten des Home-Bildschirms zu erhalten. Doppelklicken Sie auf eine Seite, um diese für die Bearbeitung zu aktivieren. Nun können Sie mit der Maus durchführen, was Sie auf dem iPhone mit dem Finger bewerkstelligen müssen.

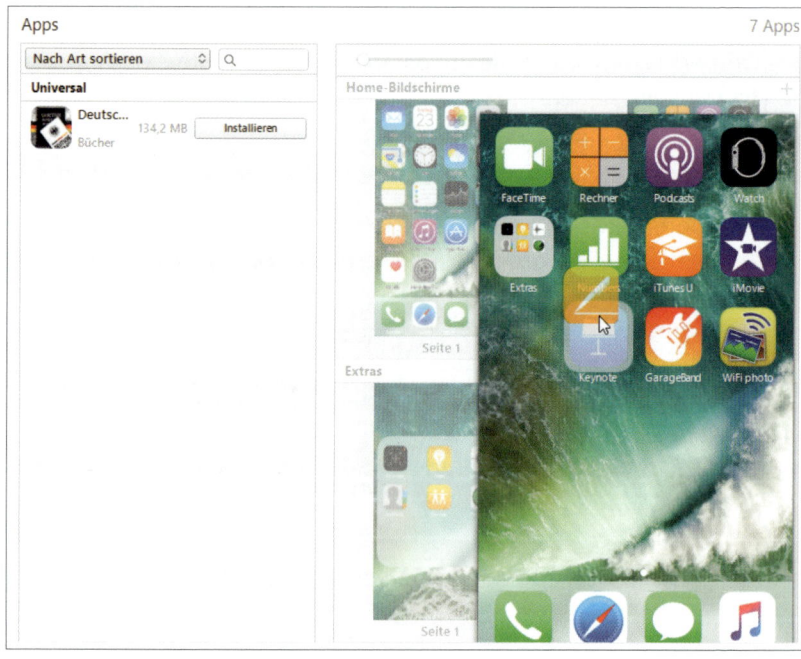

*Die iPhone-Apps lassen sich auch in iTunes auf dem PC anordnen.*

## Apps blitzschnell per Spotlight-Suche öffnen

Wem das Sortieren seiner Apps zu umständlich ist, der kann auch eine andere Methode wählen: das Öffnen von Apps per Spotlight-Suche. Vollführen Sie auf dem iPhone-Display eine kleine Streichbewegung von oben nach unten, um oben auf dem Display das Spotlight-Suchfeld einzublenden. Alternativ streichen Sie von der ersten Seite des Home-Bildschirms zur Seite links davon. Tippen Sie den Namen der App ein. Bereits während des Eintippens werden Ihnen die passenden Treffer angezeigt. Das Öffnen einer App erfolgt durch Antippen des Treffers.

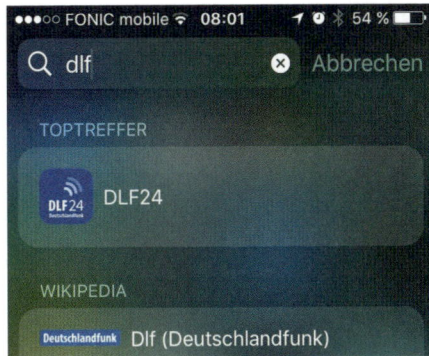

*Mit der Spotlight-Suche finden Sie jede App – Sie müssen nur den Namen kennen.*

Mit Spotlight suchen Sie nicht nur nach Apps, sondern auch nach Kontakten, Songs, E-Mails und weiteren Inhalten. Sogar zusätzliche Vorschläge aus dem Internet werden unterbreitet. Bestimmen Sie selbst, wonach Sie mit Spotlight suchen möchten, und zwar in den iPhone-Einstellungen unter *Allgemein* und dort unter *Spotlight-Suche*.

## iPhone-Speicher, Batterienutzung und Datenvolumen jederzeit im Griff haben

Der iPhone-Speicher ist buchstäblich kostbar. So schlägt das iPhone 7 mit 32 GByte Speicherplatz mit 759 Euro zu Buche, mit 128 GByte sind es bereits 869 Euro und mit 256 GByte 979 Euro. Beim iPhone 7 Plus sind es sogar 899 Euro (32 GByte), 1.009 Euro (128 GByte) bzw. 1.119 Euro (256 GByte). Verhindern Sie deshalb, dass der iPhone-Speicher durch Speicherfresser belegt wird!

Um in Erfahrung zu bringen, welche Apps am meisten Speicher belegen (inklusive der in den Apps gespeicherten Inhalte), öffnen Sie die *Einstellungen*. Wählen Sie *Allgemein* und dann *Speicher & iCloud-Nutzung*. Tippen Sie im Abschnitt *Speicher* auf

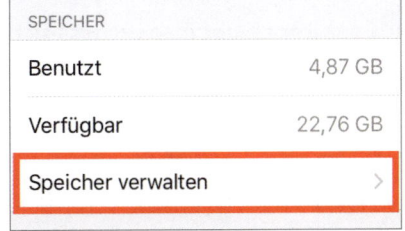

*Speicher verwalten*, um den entsprechenden Überblick zu erhalten – über Ihre Apps sortiert nach der Speichernutzung.

Der Speicherbedarf von iOS 10 wird bereits im Voraus abgezogen. So findet sich in der hier gezeigten Abbildung die Angabe, dass 4,88 GByte benutzt und 22,76 GByte verfügbar seien – über vier GByte werden also von iOS 10 und seinen Standardfunktionen beansprucht.

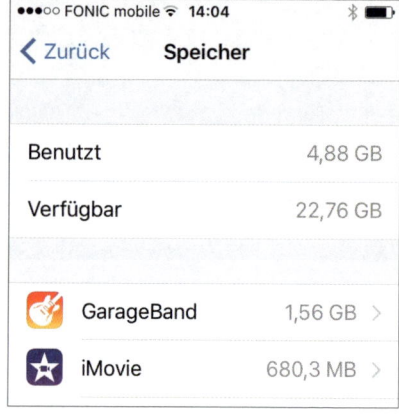

Wenn Sie wissen möchten, wie viele Apps Sie insgesamt installiert haben, wie viele Fotos und Videos Sie gespeichert haben oder wenn Sie wichtige iPhone-Nummern wie die Seriennummer, IMEI und Co. in Erfahrung bringen möchten: Diese

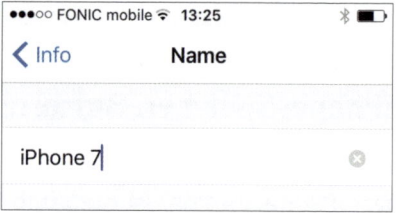

Informationen finden Sie in den *Einstellungen* unter *Allgemein* und dort unter *Info*. Nebenbei erhalten Sie hier auch die Möglichkeit, den iPhone-Namen zu ändern.

---

### Hakelige Apps in den Einstellungen löschen

Es kommt nicht oft vor, dass sich eine App nicht auf herkömmliche Weise auf dem Home-Bildschirm löschen lässt. Wenn doch, klappt das Löschen in der Regel in der Speicherverwaltung. Tippen Sie eine App dort an und wählen Sie anschließend *App löschen*, um das Problem zu lösen.

---

## Den iPhone-Akku fest im Griff

Ein ebenfalls sehr wichtiges Element Ihres iPhones ist der Akku. Sie möchten, dass dieser mit einer Ladung möglichst lange durchhält. Besonders die Internetnutzung, das Betrachten von Videos sowie das Telefonieren saugen am Akku. Ich empfehle eine Zusatz-App wie beispielsweise *Akku & Batterie HD Monitor* (bei Redaktionsschluss gratis), um die Akkuleistung jederzeit im Blick zu behalten. Ein allgemeiner Tipp zum Akku: Laden Sie diesen erst dann auf, wenn die Batterieladung unter 20 % liegt, besser noch darunter. Und wenn Sie den Akku aufladen, dann stets, bis er wieder proppenvoll ist.

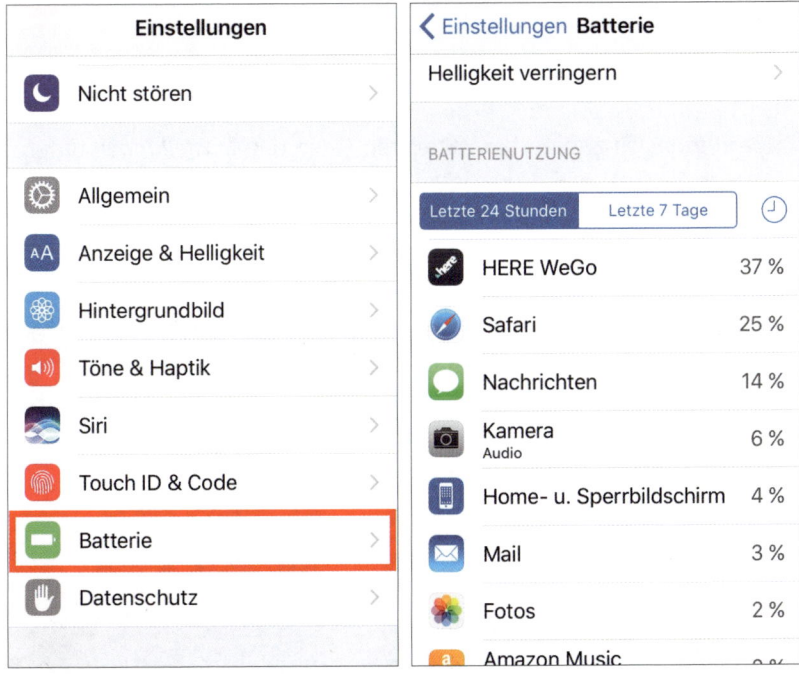

Welche Apps in den letzten 24 Stunden oder in den letzten Tagen am meisten Strom verbraucht haben, erfahren Sie in den iPhone-Einstellungen unter *Batterie*. Tippen Sie auf den Eintrag *Batterienutzung*, um sich die

Statistiken anzusehen. Außer der Batterienutzung pro App sehen Sie hier auch, wie lange Sie das iPhone seit der letzten Aufladung verwendet haben.

Bei einer Batterieladung unter 20 % wird Ihnen vom iPhone automatisch das Aktivieren des Stromsparmodus angeboten, der bestimmte Funktionen reduziert bzw. deaktiviert, namentlich das automatische Abrufen von E-Mails, die Hintergrundaktualisierung von Apps, automatische Downloads und visuelle Effekte sowie die Funktion *„Hey Siri"*.

Der Stromsparmodus lässt sich in den *Einstellungen* unter *Batterie* auch manuell aktivieren. Sie erkennen den aktivierten Stromsparmodus am gelben Batteriesymbol 🔋 rechts oben auf dem Display.

> **Sie sehen keine Prozentangabe bei der Akkuanzeige?**
>
> Um eine Prozentangabe bei der Akkuanzeige oben in der Statusleiste des iPhones einzublenden, aktivieren Sie in den *Einstellungen* unter *Batterie* die Option *Batterieladung in %*.

## Apps beenden, die im Hintergrund laufen

Einige Apps laufen im Hintergrund auch dann weiter, wenn Sie eine andere App öffnen. Dies ist beispielsweise bei Musik-Apps oder Navigations-Apps der Fall. Um eine im Hintergrund laufende App zu beenden, verwenden Sie den App-Umschalter:

1 Drücken Sie zweimal schnell hintereinander auf die Home-Taste, um den App-Umschalter aufzurufen.

**2** Sie erhalten eine Übersicht über die zuletzt verwendeten Apps. Um eine App zu beenden, streichen Sie diese nach oben aus dem Display heraus. Es lassen sich übrigens auch zwei Apps gleichzeitig herausstreichen.

**3** Drücken Sie die Home-Taste, um wieder zum Home-Bildschirm zurückzukehren.

Einige Apps aktualisieren außerdem Inhalte im Hintergrund. Auch das geht zulasten der Akkulaufzeit und lässt sich entweder komplett oder für einzelne Apps abstellen.

Öffnen Sie dazu die *Einstellungen* und wählen Sie unter *Allgemein* den Eintrag *Hintergrundaktualisierung*. Sie erhalten eine Übersicht über diejenigen Apps, die von der Hintergrundaktualisierung Gebrauch machen, und können diese per Schalter unterbinden.

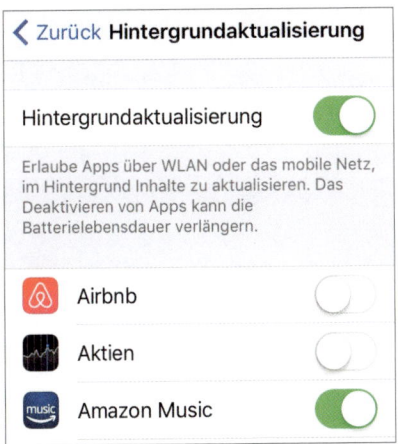

Die Konfiguration von Hintergrundaktualisierung und Co. lässt sich auch in den Einstellungen zur jeweiligen App vornehmen. Öffnen Sie die *Einstellungen* und streichen Sie nach unten zu den Apps. Es bietet sich an, bei einer App direkt nach der Installation einen Blick in die zugehörigen Einstellungen zu werfen.

## Damit das Datenvolumen nicht immer sofort aufgebraucht ist

Zu Hause sollten Sie mit dem iPhone grundsätzlich über ein WLAN ins Internet gehen. Zum einen ist der Download von Apps mit mehr als 100 MByte im Mobilfunknetz nicht möglich. Zum anderen wird bei den meisten Angeboten die Internetgeschwindigkeit nach dem Aufbrauchen eines bestimmten Datenvolumens stark gedrosselt.

Gerade bei geringem Datenvolumen ist es wichtig, sich einen Überblick darüber zu verschaffen, welche Apps ständig Daten mit dem Internet austauschen. Bei Apps, die eigentlich gar keine Internetverbindung benötigen sollten, deaktivieren Sie die mobilen Daten einfach.

Den Überblick über die mobile Datennutzung der von Ihnen installierten Apps und die Möglichkeit, den Apps per Schalter die Verwendung der mobilen Daten zu untersagen, finden Sie in den *Einstellungen* unter *Mobiles Netz*. Streichen Sie dort nach unten zum Abschnitt *Mobile Daten verwenden*, um fündig zu werden.

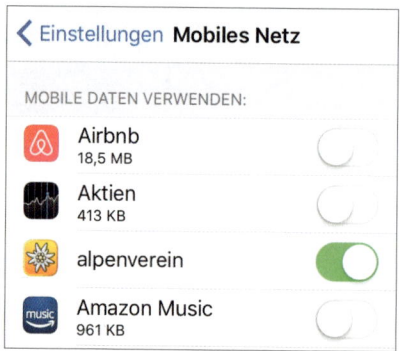

Leider lassen sich die mobilen Daten nicht für die Systemdienste deaktivieren, die ebenfalls fleißig Daten austauschen. Eine Statistik erhalten Sie, wenn Sie die Seite *Mobiles Netz* nach unten streichen und auf *Systemdienste* tippen. Sie bekommen so zumindest Anhaltspunkte, auf welche Systemfunktionen Sie unterwegs lieber verzichten sollten.

# Pfiffige Tipps und Tricks rund um den App Store

Auch zum Download von Apps habe ich ein paar Tipps für Sie auf Lager, die ich Ihnen gern in aller Kürze präsentieren möchte:

- Die günstigste Möglichkeit, kostenpflichtige Apps zu kaufen, sind Guthabenkarten, die Sie in einer Rabattaktion ergattern. Suchen Sie bei Google nach *itunes aktion*, um Aktionen aufzuspüren, die es praktisch jeden Monat irgendwo gibt. Ersparnis: bis zu 20 %. Das Einlösen einer Guthabenkarte erfolgt beispielsweise im App Store. Tippen Sie dort auf *Highlights* und streichen Sie ganz nach unten zum *Einlösen*-Button. Der Gutscheincode kann eingetippt oder mit der iPhone-Kamera eingescannt werden.

- Bei Apps, die man zwar gern hätte, aber nicht dringend braucht, kann es sich anbieten zu warten, ob diese zukünftig vielleicht mal in einer Gratis-Aktion zu haben sind. Setzen Sie eine Kauf-App auf Ihre »Wunschliste«, indem Sie die App im App Store aufrufen, dann oben auf das Symbol ⬆️ tippen und *Zur Wunschliste hinzufügen* wählen. Die Wunschliste öffnen Sie mit dem Symbol ☰.

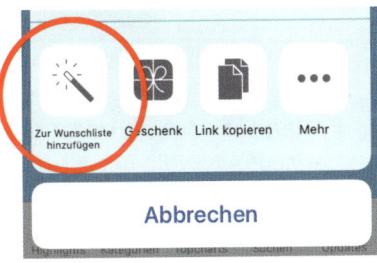

- Standardmäßig werden die von Ihnen installierten Apps automatisch aktualisiert. Das ist jedoch nicht immer gewünscht, etwa dann, wenn die Aktualisierung in erster Linie darin besteht, Ihnen mehr Werbung unterzujubeln, oder wenn Sie in den Rezensionen lesen, dass eine Aktualisierung nicht wirklich stabil ist. Um die automatischen Aktualisierun-

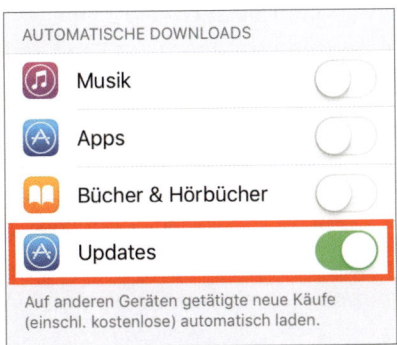

gen abzuschalten, deaktivieren Sie in den *Einstellungen* unter *iTunes & App Store* und dort im Abschnitt *Automatische Downloads* den Schalter *Updates*.

- Manuelle Aktualisierungen nehmen Sie im App Store unter *Updates* vor. Lesen Sie sich vor einer Aktualisierung jeweils den Text mit den Angaben zur Aktualisierung durch. Über vergangene Aktualisierungen informieren Sie sich im App Store, indem Sie dort die App aufrufen und unter *Details* auf *Vorherige Aktualisierungen* tippen. In den *Details* finden Sie noch weitere nützliche Angaben, etwa unter *Apps des Entwicklers* weitere App-Angebote.

- Wichtig beim Thema Bewertungen und Rezensionen: Hier finden sich leider viele Fakes, die von den Herstellern selbst oder deren Handlangern stammen. Prüfen Sie deshalb besonders bei Kauf-Apps die Rezensionen sehr genau: Viele Jubel-Rezensionen mit ähnlichem Text und diese dann auch noch in kurzer Abfolge sollten Ihre Alarmglocken schrillen lassen! Natürlich können Sie auch selbst eine Re- 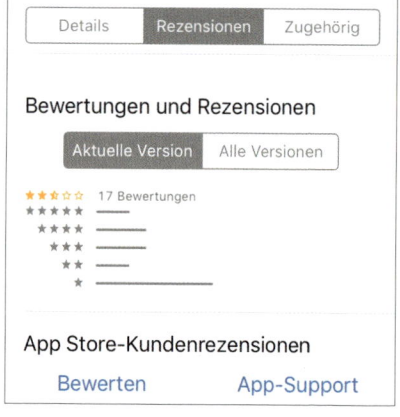 zension abgeben und damit anderen Nutzern bei deren Kaufentscheidung weiterhelfen. Rufen Sie hierzu die App im App Store auf und tippen Sie unter *Rezensionen* auf *Bewerten*.

- Apple gewährt für Apps ein 14-tägiges Rückgaberecht. Die Rückgabe erfolgt unter der folgenden Webadresse: reportaproblem.apple.com. Melden Sie sich dort mit Ihrer Apple-ID an. Klicken Sie dann bei der App, die Sie zurückgeben möchten, auf die Schaltfläche *Problem melden* und machen Sie die notwendigen Angaben.

- Einmal gekaufte Apps lassen sich jederzeit – per Fingertipp auf das zugehörige Symbol ☁ – erneut ohne weitere Kosten herunterladen. Einen Überblick über die von Ihnen bereits heruntergeladenen Apps erhalten Sie im App Store, indem Sie unter *Updates* auf *Käufe* tippen.

## Von Ihnen getätigte Käufe ausblenden

Einmal im App Store, iTunes Store und Co. getätigte Käufe sind für immer mit Ihrer Apple-ID verknüpft. Sie lassen sich jedoch ausblenden. Öffnen Sie dazu in iTunes auf dem PC den iTunes Store und klicken Sie auf *Gekaufte Artikel*. Lassen Sie sich die Apps anzeigen, bewegen Sie den Mauszeiger auf eine App und klicken Sie auf das erscheinende Kreuzsymbol ⊗ bzw. in die linke obere Ecke, um die App auszublenden. Das funktioniert natürlich auch bei anderen heruntergeladenen Artikeln wie Songs oder Filmen.

*Käufe ausblenden – kein Problem mit iTunes am PC.*

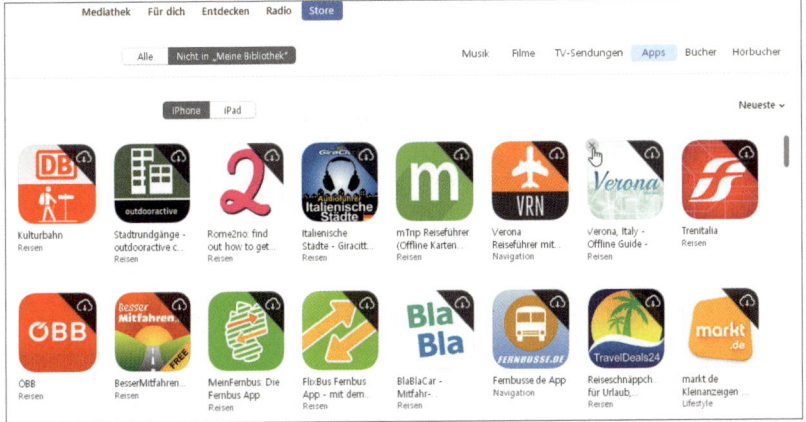

Um einen ausgeblendeten Artikel wieder einzublenden, klicken Sie in der iTunes-Menüleiste auf *Account* und wählen im sich öffnenden Menü den Eintrag *Meinen Account anzeigen*. Geben Sie Ihre Zugangsdaten ein und klicken Sie nun im Abschnitt *iTunes in der Cloud* bei *Ausgeblendete gekaufte Artikel* auf *Verwalten*.

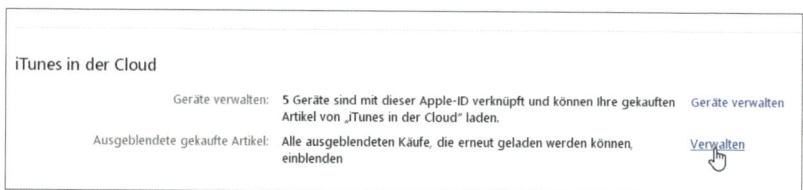

Sie erhalten eine Übersicht über die ausgeblendeten Artikel, das Einblenden erfolgt jeweils per *Einblenden*-Button. Manchmal kommt es vor, dass gekaufte Artikel vermisst werden – wahrscheinlich wurden diese versehentlich ausgeblendet und können auf die beschriebene Weise wieder hergezaubert werden.

*Auch das Einblenden ausgeblendeter Artikel erfolgt in iTunes am PC.*

# 4. Wichtige Einstellungen zum Thema Datenschutz

Es ist schier unglaublich, wie unsensibel viele Menschen mit ihren persönlichen Daten umgehen. Die Daten werden im Internet an praktisch alle freigegeben, die sie haben möchten. Bei Facebook und Co. werden sogar persönlichste Daten veröffentlicht. Und das, obwohl längst bekannt ist, dass Geheimdienste, Firmen und Co. diese Daten fleißig sammeln.

Auch das iPhone ist nicht ganz ohne, was das Thema Datenschutz betrifft. Es gibt ein paar Funktionen, die im Hinblick auf den Datenschutz grenzwertig sind. Bei anderen Funktionen, beispielsweise Siri und iCloud, müssen Sie schlicht entscheiden, ob Sie dem Unternehmen Apple vertrauen, dass mit Ihren übers Internet versandten Daten wirklich sorgsam umgegangen wird. Lernen Sie in diesem Kapitel alle wichtigen »Schnüffelfunktionen« kennen und erfahren Sie, wie Sie diese abstellen.

## Die Datenschutz-Einstellungen im Griff

Wenn eine App, die Sie auf Ihrem iPhone installieren, auf eine sensible Funktion zugreifen möchte – etwa die Ortungsdienste, Ihre Kontakte, Ihre Fotos, das Mikrofon etc., – werden Sie zuvor in einem Hinweisfenster gefragt, ob Sie das gestatten.

Seien Sie hierbei nicht zu vorschnell, sondern überlegen Sie sich genau, welcher App Sie den Zugriff erlauben möchten! Ist der App-Entwickler bekannt? Ist der Zugriff auf die Kontakte oder das Mikrofon für die Nutzung der App wirklich notwendig?

Wenn Sie einer App den Zugriff auf
eine bestimmte Funktion erlauben,
können Sie diese Erlaubnis später jederzeit widerrufen.

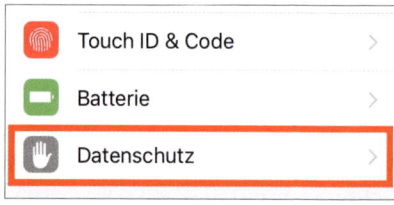

Öffnen Sie dazu die *Einstellungen*
und wählen Sie den Eintrag *Datenschutz*. Sie erhalten einen Überblick
über die einzelnen Funktionen. Unter iOS 10 sind dies:

- Ortungsdienste (zur Ermittlung Ihres Standorts)
- Kontakte
- Kalender
- Erinnerungen
- Fotos
- Bluetooth-Freigabe (für den drahtlosen Datenaustausch)
- Mikrofon
- Spracherkennung (Siri-Nutzung durch Drittanbieter-Apps)
- Kamera
- Health
- HomeKit (für Apps zur Hausgeräte-Steuerung)
- Mediathek
- Bewegung & Fitness
- Twitter
- Facebook

Tippen Sie eine Funktion an, um zu sehen, welche Apps darauf zugreifen. Per Schalter lässt sich eine Zugriffserlaubnis nachträglich rückgängig
machen bzw. erteilen.

Alternativ können Sie eine App auch einfach neu installieren, denn nach der Neuinstallation müssen die Zugriffseinstellungen für eine App neu festgelegt werden.

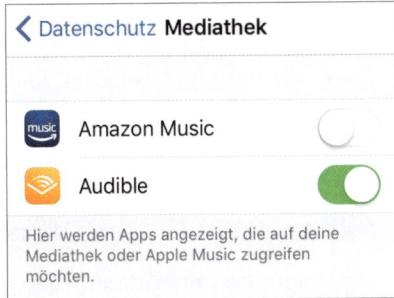

# Versteckte Schnüffelfunktionen abstellen

Auch direkt im System sind ein paar Funktionen enthalten, die Sie aus Gründen des Datenschutzes vielleicht lieber deaktivieren möchten.

In erster Linie geht es dabei um Funktionen, die dazu dienen, Ihnen möglichst maßgeschneiderte Werbung zu präsentieren. Aber auch um den Versand sensibler Daten an die Apple-Server.

## Das Senden von Diagnose- und Nutzungsdaten unterbinden

Bei der Einrichtung des iPhones werden Sie kurz gefragt, ob Sie Diagnose- und Nutzungsdaten an Apple senden möchten oder nicht. Sofern Sie zugestimmt haben, empfehle ich Ihnen, diese Funktion nachträglich zu deaktivieren. Sie hilft in erster Linie Apple, um technische Verbesserungen durchführen zu können. Für Sie als Nutzer ist sie äußerst heikel, da auch persönliche Daten unbemerkt übers Internet verschickt werden können. Um das Senden

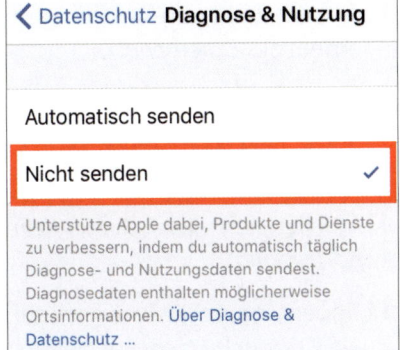

von Diagnose- und Nutzungsdaten zu stoppen, öffnen Sie die *Einstellungen* und wählen die Option *Datenschutz*. Unterhalb der Liste mit den verschiedenen Funktionen finden Sie den Eintrag *Diagnose & Nutzung*, den Sie antippen. Entscheiden Sie sich anschließend für die Option *Nicht senden*. Damit ist die Sache erledigt.

---

**Selbst auf Diagnose- und Nutzungsdaten zugreifen**

Die Diagnose- und Nutzungsdaten bleiben auch dann auf dem iPhone gespeichert, wenn Sie das Senden deaktivieren. Wenn Sie sich die Daten selbst mal ansehen wollen, tippen Sie unterhalb der Option *Nicht senden* auf *Diagnose- & Nutzungsdaten* und wählen anschließend einen der Einträge aus.

---

## Ad-Tracking verhindern

Wie schon erwähnt, gibt es auf Ihrem iPhone einige versteckte Funktionen, mit deren Hilfe Ihnen passende Werbung untergejubelt werden soll. Eine dieser Funktionen nennt sich *Ad-Tracking*. Um sie abzuschalten, gehen Sie so vor:

**1** Tippen Sie in den *Einstellungen* erneut auf *Datenschutz*.

**2** Streichen Sie mit dem Finger ganz nach unten und wählen Sie den Eintrag *Werbung*.

**3** Aktivieren Sie den Schalter *Kein Ad-Tracking*.

**4** Tippen Sie anschließend noch auf *Ad-ID zurücksetzen*, um bereits gespeicherte Daten zu löschen.

## Ortsabhängige Apple Ads und Häufige Orte deaktivieren

Verschiedene *Systemdienste* greifen ungefragt auf die Ortungsdienste Ihres iPhones zu, sprich: können jederzeit Ihren aktuellen Standort ermitteln. Dagegen ist nichts einzuwenden, wenn der Zugriff auf die Ortungsdienste beispielsweise zum Einstellen der iPhone-Uhr erfolgt. Aber einer dieser Systemdienste dient lediglich dazu, Ihnen ortsbasierte Werbung zu präsentieren. Öffnen Sie deshalb ein weiteres Mal die *Einstellungen* und gehen Sie auf *Datenschutz*. Entscheiden Sie sich ganz oben für *Ortungsdienste*, streichen Sie ganz nach unten und tippen Sie dort auf den Eintrag *Systemdienste*. Ihnen wird eine ganze Reihe von Optionen präsentiert. Deaktivieren sollten Sie:

■ *Ortsabhängige Apple Ads*: Diese Option dient tatsächlich nur dazu, Ihnen Werbung passend zu Ihrem Standort unterzujubeln. Darauf können Sie in jedem Fall verzichten.

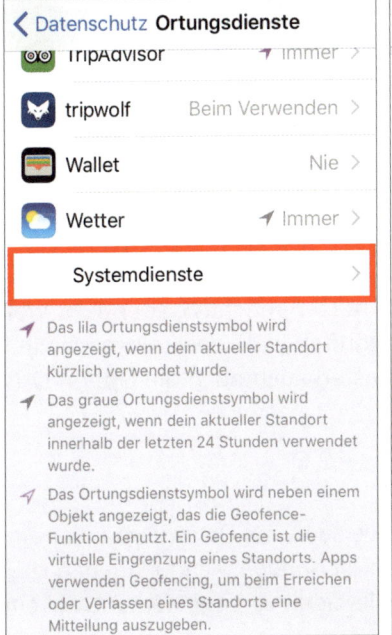
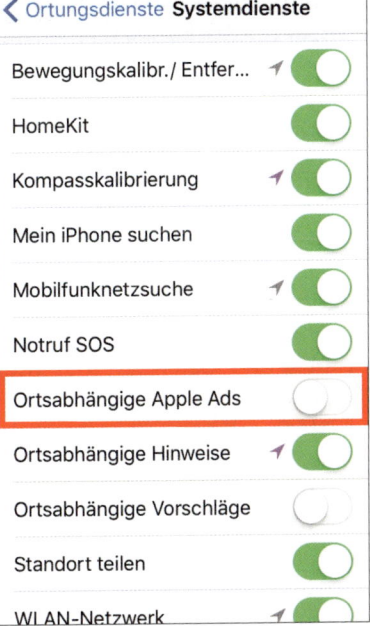

- *Häufige Orte*: Bei aktivierter Option wird gespeichert, wo Sie sich besonders häufig aufhalten. Bevor Sie diese Option abschalten, tippen Sie auf *Verlauf löschen*, ansonsten bleiben die bereits gespeicherten Daten erhalten.

- *Produktverbesserungen*: In diesem Abschnitt deaktivieren Sie alle vorhandenen Optionen, da sie nicht Ihnen, sondern nur Apple dienen.

## Suchvorschläge lieber abstellen

Mit der Spotlight-Suche durchsuchen Sie, wie bereits an anderer Stelle erwähnt, nicht nur das iPhone, sondern auch das Internet. Ihnen werden sogar meist sinnvolle Suchvorschläge unterbreitet. Allerdings bedeutet dies gleichzeitig, dass Ihre Suchanfragen übers Internet geschickt werden, was für eine Suche nur auf dem iPhone ja nicht notwendig wäre.

Wenn Sie mit Spotlight sowieso nur auf dem iPhone suchen, deaktivieren Sie die Suchvorschläge. Dazu gehen Sie in die *Einstellungen* und entscheiden sich unter *Allgemein* für *Spotlight-Suche*. Deaktivieren Sie anschließend im Abschnitt *Spotlight-Vorschläge* die beiden Schalter *Beim Suchen* und *Beim Nachschlagen*.

Wenn Sie die Spotlight-Vorschläge nutzen möchten, aber nicht wollen, dass dabei auf Ihren Standort zugegriffen wird, deaktivieren Sie in den oben kennengelernten Systemdiensten auch noch die Option *Ortsabhängige Vorschläge*.

## Auf Handoff lieber verzichten?

Eine weitere Funktion, die mit dem Versand von Daten verbunden ist, die Sie aber nicht unbedingt benötigen, ist *Handoff*. Handoff dient dazu, mit dem Schreiben auf dem einen Apple-Gerät zu beginnen und auf einem anderen Gerät nahtlos weiterzumachen, sofern Sie mit der gleichen Apple-ID angemeldet sind. Um Handoff zu deaktivieren, stellen Sie in den *Einstellungen* unter *Allgemein* und dort unter *Handoff* einfach den Schalter aus.

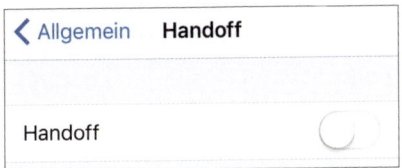

## Auch in Safari Vorschläge und Tracking stoppen

Für die Browser-App *Safari* sind gesonderte Einstellungen notwendig, was Vorschläge und Tracking anbelangt.

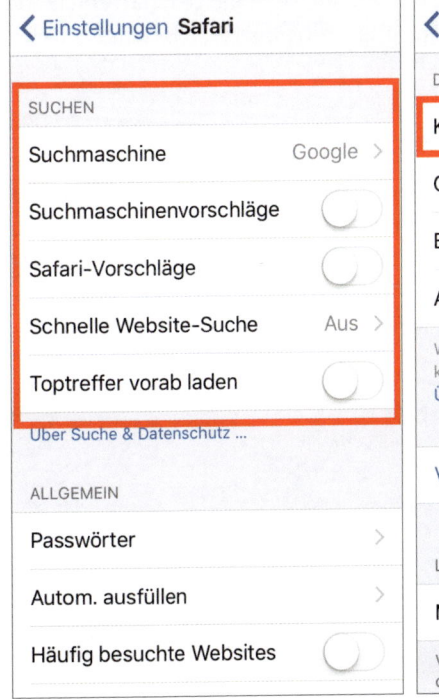

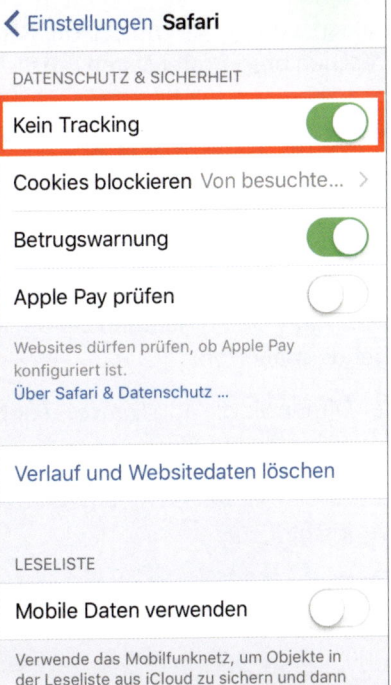

Öffnen Sie dazu die *Einstellungen* und wählen Sie den Eintrag *Safari*. Deaktivieren Sie im Abschnitt *Suchen* die verschiedenen Vorschlagsoptionen sowie die Option *Toptreffer vorab laden* – auch bei diesen Optionen werden jeweils Daten an Apple gesandt. Im Abschnitt *Datenschutz & Sicherheit* sollte die Option *Kein Tracking* aktiviert sein.

# Verfängliche Daten vor anderen iPhone-Nutzern verbergen

Wären da noch die Daten, die nicht unbedingt übers Internet verschickt, aber auf dem iPhone gespeichert werden – und dadurch auch anderen Nutzern des iPhones zugänglich sind. In den meisten Fällen ist das kein Problem, da Sie sowieso ausschließlich vertrauenswürdigen Personen den Zugriff auf Ihr iPhone gewähren. Aber von ein paar gespeicherten Daten wissen Sie vielleicht nichts. Die folgenden Hinweise werden Ihnen beim Löschen bestimmter Daten nützlich sein.

## Aufnahmen endgültig löschen – oder wiederherstellen

Die Aufnahmen, die Sie mit Ihrem iPhone machen und aus der App *Fotos* löschen, sind auf Ihrem iPhone noch einen Monat lang vorhanden. Sie befinden sich solange in einer Art Papierkorb, nämlich im Album *Zuletzt gelöscht*. Um Ihre Aufnahmen endgültig zu löschen (oder um versehentlich gelöschte Aufnahmen bei Bedarf wiederherzustellen), gehen Sie folgendermaßen vor:

**1**  Öffnen Sie die App *Fotos* und tippen Sie unten auf *Alben*.

**2**  Tippen Sie auf das Album *Zuletzt gelöscht*.

**3**  Tippen Sie nun rechts oben auf *Auswählen*.

**4** Sie finden unten die Optionen *Alle löschen* sowie *Alle wiederherstellen*. Sie können auch einzelne Aufnahmen zum endgültigen Löschen bzw. Wiederherstellen auswählen.

## Damit niemand sieht, welche Webseiten Sie besucht haben

Auch die auf dem iPhone gespeicherten Websitedaten können heikel sein. Vielleicht haben Sie nach einem Geburtstagsgeschenk für Ihren Schatz gesucht – oder nach Scheidungsanwälten? Am besten verwenden Sie für solche Suchen den privaten Modus, damit von vornherein gar keine Websitedaten auf dem iPhone gespeichert werden.

Um den privaten Modus zu aktivieren, tippen Sie rechts unten in der Browser-App *Safari* auf das Symbol . Anschließend tippen Sie links unten auf die Option *Privat* – schon ist Safari im privaten Modus. Um diesen wieder zu deaktivieren, tippen Sie erneut auf das Symbol und wählen noch mal *Privat*. Auf einem iPhone mit 3D Touch lässt sich der private Modus auch per Kontextmenü aufrufen, das Sie durch festes Drücken des Safari-Symbols öffnen.

Wichtig: Unabhängig davon, ob Sie privat surfen oder nicht, werden Ihnen die in Safari geöffneten Tabs beim nächsten App-Start erneut präsentiert. Wenn Sie dies nicht wünschen, müssen Sie die Tabs schließen. Gehen Sie dazu rechts unten in Safari auf das Symbol und tippen Sie anschließend links oben in einem Tab auf das zugehörige Kreuzsymbol.

Um bereits gespeicherte Websitedaten zu löschen, öffnen Sie die *Einstellungen* und wählen *Safari*. Streichen Sie nach unten und tippen Sie auf *Verlauf und Websitedaten löschen*.

> **Vorsicht vor der schnellen Website-Suche**
>
> Zu den gespeicherten Websitedaten zählt auch die schnelle Website-Suche. Wenn Sie in Safari eine Website mit einer Suchfunktion aufrufen und dort eine Suche durchführen, merkt sich Safari diese.
>
> Der Vorteil: Eine erneute Suche lässt sich mithilfe eines Kurzbefehls direkt im Suchfeld von Safari durchführen.
>
> Der Nachteil: Auch andere Nutzer Ihres iPhones sehen, wo Sie bereits gesucht haben. Wenn Sie dies nicht wünschen, deaktivieren Sie die schnelle Website-Suche in den *Einstellungen* unter *Safari* und dort unter *Schnelle Website-Suche*.

## Adressen löschen, die Sie gesucht haben

Auch von den Adressen, die Sie in der App *Karten* gesucht haben, wird ein Verlauf gespeichert. Sie können Einträge daraus auf die aus anderen Apps gewohnte Weise löschen: Tippen Sie einen Eintrag im Verlauf an, ziehen Sie mit dem Finger von rechts nach links und tippen Sie auf die so eingeblendete Schaltfläche *Entfernen*.

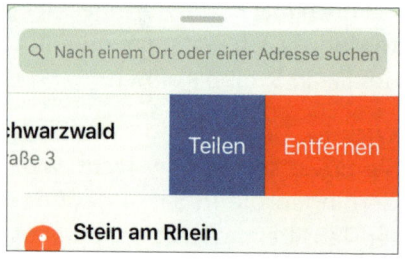

## Zwischenablage überschreiben

Was Sie auf Ihrem iPhone in die Zwischenablage kopieren, das bleibt dort, bis die Zwischenablage für einen anderen Inhalt benötigt wird. Wenn Sie auf Ihrem iPhone zum Beispiel eine Webadresse in die Zwischenablage kopieren, bleibt sie dort, auch nachdem Sie die Adresse andernorts eingefügt haben. Um einen verfänglichen Inhalt aus der Zwischenablage zu entfernen, kopieren Sie einfach etwas anderes hinein.

## Anrufer und weitere Daten entfernen

Auf Ihrem iPhone befindet sich eine Anrufliste, in der alle ein- und ausgehenden Telefonate verzeichnet werden. Öffnen Sie die App *Telefon* und tippen Sie unten auf *Anrufliste*, um sich die Liste anzusehen. Um einzelne Einträge oder die gesamte Liste zu löschen, wählen Sie rechts oben *Bearbeiten* und …

- … tippen bei einem einzelnen Eintrag auf das Symbol ⊖ und bestätigen mit *Löschen*, um ihn zu entfernen.

- Oder Sie tippen links oben auf *Löschen* und bestätigen mit *Alle löschen*, um die Anrufliste vollständig zu bereinigen.

Übrigens finden Sie auch in der App *FaceTime*, die Sie für Audio- oder Videotelefonate übers Internet einsetzen, eine solche Liste.

Vielleicht möchten Sie auch einzelne Konversationen in der App *Nachrichten* oder in der App *Mail* löschen? Tippen Sie jeweils mit dem Finger auf einen Eintrag und ziehen Sie ihn nach links, um die *Löschen*-Option zu erhalten.

Das iPhone speichert noch viele weitere Daten – bis hin zur Berechnung, die Sie mit der App *Rechner* durchgeführt haben. Natürlich macht es keinen Sinn, alle Daten nach jedem Gebrauch zu löschen, aber es ist doch wichtig zu wissen, dass diese Daten vorhanden sind!

# Zugriff auf Mitteilungen im gesperrten Zustand verbieten

Standardmäßig werden eingehende Nachrichten, Mailvorschauen und verschiedene weitere Meldungen nicht nur auf dem Home-Bildschirm Ihres iPhones angezeigt, sondern auch auf dem Sperrbildschirm. Wenn das iPhone im Café auf dem Tisch liegt, können andere Personen also unter Umständen mitlesen. Die entsprechende Einstellung wird für jede App einzeln geändert:

**1** Öffnen Sie die *Einstellungen* und wählen Sie den Eintrag *Mitteilungen*.

**2** Tippen Sie auf die App, für die Sie die Sperrbildschirm-Einstellung ändern möchten, also etwa auf die App *Nachrichten*.

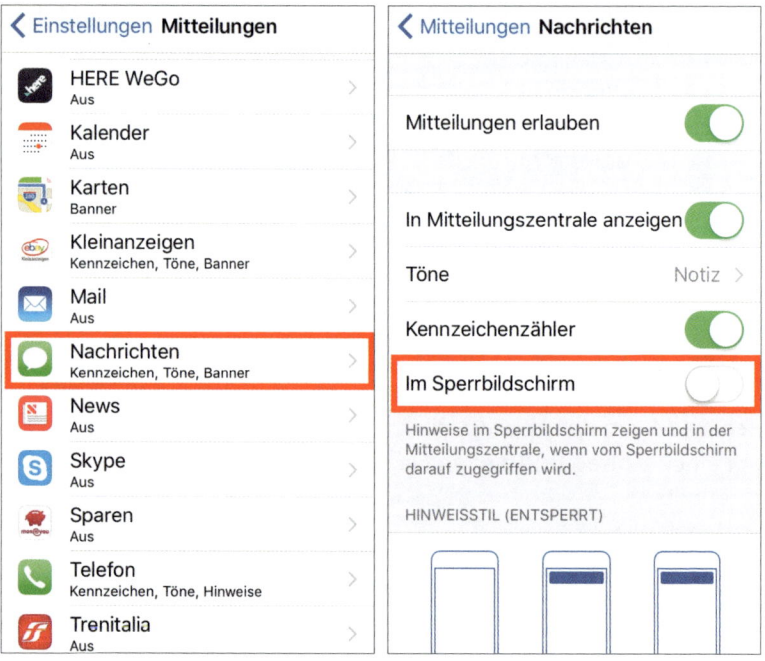

**3** Deaktivieren Sie für diese App die Option *Im Sperrbildschirm*.

Die Light-Variante wäre, lediglich die Vorschauen für Nachrichten und E-Mails zu deaktivieren, dann würde nur noch der Absender im Sperrbildschirm angezeigt werden, jedoch keine Inhalte einer Nachricht oder E-Mail.

Auch das Kontrollzentrum, das Sie vom unteren Display-Rand auf das iPhone-Display streichen, lässt sich für den Sperrbildschirm abschalten. Eine nicht autorisierte Person erhält darin allerdings nur Zugriff auf wenige Daten, etwa auf Ihre zuletzt gespeicherte Berechnung oder Ihre Timer-Einstellungen.

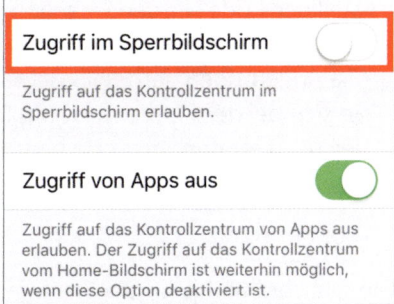

Wenn Sie den Zugriff dennoch verbieten möchten, öffnen Sie die *Einstellungen* und wählen *Kontrollzentrum*. Stellen Sie den Schalter *Zugriff im Sperrbildschirm* auf *Aus*.

# Zugriff auf bestimmte Daten und Funktionen durch Einschränkungen verbieten

Im Zusammenhang mit dem Datenschutz, aber auch als »Kindersicherung« für minderjährige iPhone-Nutzer interessant sind die *Einschränkungen*.

Mit dieser Funktion lassen sich ganz verschiedene Daten und Funktionen schützen bzw. Einschränkungen für den Zugriff vornehmen. Auch sich selbst können Sie mit den *Einschränkungen* schützen, etwa vor versehentlichen In-App-Käufen bei der Nutzung einer App.

Die Einschränkungen sind gleichzeitig die einzige Möglichkeit, bestimmte Standard-Apps vom Home-Bildschirm zu entfernen. So funktioniert es:

1 Öffnen Sie die *Einstellungen*, wählen Sie *Allgemein* und tippen Sie auf *Einschränkungen*.

**2** Entscheiden Sie sich für *Einschränkungen aktivieren*.

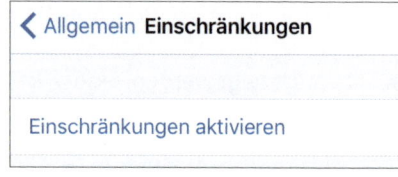

**3** Tippen Sie zweimal einen vierstelligen Code ein, den Sie später jeweils eingeben müssen, wenn Sie Änderungen bei den Einschränkungen durchführen wollen. Es sollte sich bei dem Code nicht um Ihr Geburtsdatum oder einen ähnlich leicht zu erratenden Code handeln.

**4** Wählen Sie nun in den einzelnen Abschnitten die gewünschten Optionen aus.

Die Einschränkungen, die Sie vornehmen, richten sich ganz nach Ihrem eigenen Bedarf. Hier deshalb nur ein allgemeiner Überblick über die verfügbaren Abschnitte:

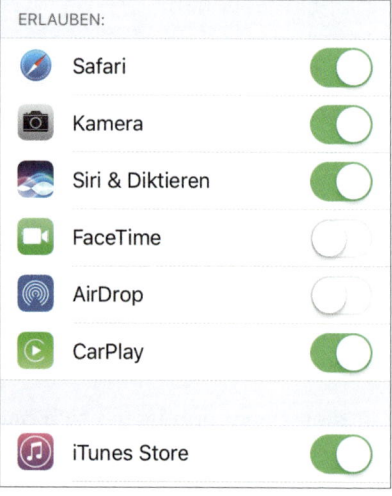

- *Erlauben*: In diesem Abschnitt deaktivieren Sie per Schalter verschiedene Funktionen wie AirDrop, FaceTime oder die bereits erwähnten In-App-Käufe. In einigen Fällen werden die zugehörigen Apps vom Home-Bildschirm entfernt.

- *Zulässiger Inhalt*: Dieser Abschnitt betrifft in erster Linie Jugendfreigaben. So können etwa Filme ab 18 oder Bücher mit sexuellem Inhalt verboten werden.

- *Datenschutz*: Unter diesem Punkt bestimmen Sie, ob einzelne Datenschutz-Einstellungen (Zugriff auf Ortungsdienste, Kontakte, Fotos und Co.) geändert werden dürfen oder nicht.

- *Änderungen zulassen*: Hier legen Sie fest, ob bestimmte weitere Einstellungen geändert werden dürfen oder nicht, beispielsweise die maximale Lautstärke.

- *Game Center*: Im letzten Abschnitt können schließlich noch ein paar Einschränkungen für das gemeinsame Spiel mit anderen Nutzern vorgenommen werden. Übrigens: Unter iOS 10 steht das Game Center nicht mehr als App zur Verfügung, Game-Center-Einladungen werden nun per Nachricht verschickt.

### Einzelne Funktionen mit dem geführten Zugriff schützen

Eine weitere Möglichkeit, einzelne Funktionen auf dem iPhone abzuschalten, bietet die Bedienungshilfe *Geführter Zugriff*, die Sie bereits in Kapitel 2 kennengelernt haben. Zur Erinnerung: Sie aktivieren diese in den *Einstellungen* unter *Allgemein* und dort unter *Bedienungshilfen*. Aktivieren Sie die Option *Geführter Zugriff* und geben Sie einen Code ein.

Öffnen Sie anschließend eine App, in der Sie Funktionen deaktivieren möchten. Drücken Sie dreimal schnell! hintereinander die Home-Taste, um den geführten Zugriff zu aktivieren. Folgen Sie den Anweisungen auf dem Display.

# 5. Tolle Tipps und Tricks für die Kommunikation

Ein iPhone als Handy zu bezeichnen, ist ja fast schon frevelhaft. Aber die Funktionen zum Telefonieren und zum Austauschen von Nachrichten sind doch nicht ganz unwichtig. In diesem Kapitel habe ich die besten Tipps und Tricks zum Thema für Sie gesammelt – von den nützlichsten und wichtigsten Telefonfunktionen über den Versand von handgeschriebenen Nachrichten oder Sprachbotschaften bis hin zum automatischen Nicht-stören-Modus, damit Sie nicht mitten in der Nacht aus dem Bett geklingelt werden.

## Die besten Tipps und Tricks rund um die Telefonfunktionen Ihres iPhones

Das Telefonieren mit dem iPhone ist eine einfache Sache: Sie öffnen die App *Telefon* und wählen eine Nummer bzw. suchen einen Kontakt aus, um jemanden anzurufen. Während eines Telefonats können Sie auch noch weitere Anrufer zu einer Telefonkonferenz hinzufügen. Wenn jemand Sie anruft, wird Ihnen dies durch einen Klingelton sowie durch einen Hinweis auf dem Display angezeigt, und Sie können den Anruf entweder annehmen oder ablehnen.

### Anruf ablehnen – wenn gewünscht mit Erinnerung oder Nachricht

Zum Ablehnen eines Anrufs verwenden Sie auf dem Home-Bildschirm den entsprechenden Button. Einen Anruf auf dem Sperrbildschirm – und das wird der häufigere Fall sein – lehnen Sie ab, indem Sie zweimal den Ein-/Ausschal-

ter an Ihrem iPhone drücken. Wenn Sie den Ein-/Ausschalter lediglich einmal betätigen, wird das iPhone nur lautlos gestellt. Ihnen werden auch noch zwei weitere Möglichkeiten zum Ablehnen eines Anrufs angeboten:

- Den Anruf ablehnen und gleichzeitig eine Erinnerung erstellen: Tippen Sie auf die Option *Erinnerung* und legen Sie im sich öffnenden Menü fest, dass Sie an den Rückruf erinnert werden möchten.

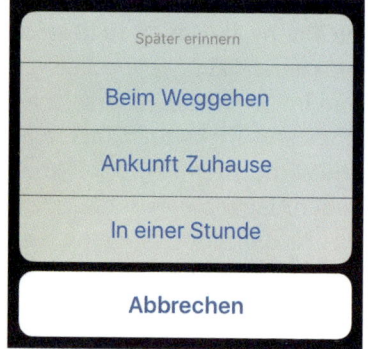

- Den Anruf ablehnen und gleichzeitig eine Nachricht senden: Tippen Sie auf die Option *Nachricht* und wählen Sie eine der vorgegebenen Nachrichten aus, die an den Anrufer gesendet werden soll. Wenn Sie auf *Eigene* tippen, können Sie auch eine individuelle Nachricht verfassen. Falls Sie die vorgegebenen Nachrichten ändern möchten, öffnen Sie die *Einstellungen* und wählen unter *Telefon* den Eintrag *Mit SMS antworten*. Geben Sie die gewünschten eigenen Nachrichten ein. Wenn Sie diese löschen, werden wieder die ursprünglichen Nachrichten verwendet.

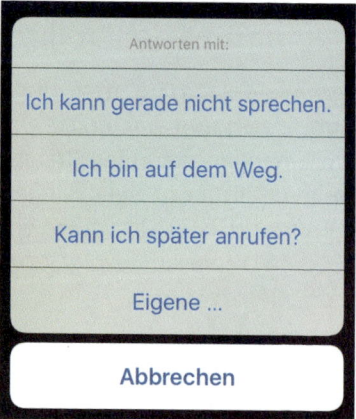

## Anrufe weiterleiten, Anrufer sperren und Co.

Einige Telefonfunktionen hängen vom Netzbetreiber bzw. von Ihrem Mobilfunkvertrag ab. Öffnen Sie die *Einstellungen* und wählen Sie den Eintrag *Telefon*. Diese Funktionen lassen sich gegebenenfalls aktivieren bzw. deaktivieren:

- *Rufweiterleitung*: Sollen eingehende Anrufe an eine andere Rufnummer weitergeleitet werden, tippen Sie in den *Einstellungen* unter *Telefon* auf *Rufweiterleitung* und geben die gewünschte Rufnummer ein. Klären Sie vorher mit Ihrem Mobilfunkanbieter die für die Rufweiterleitung anfallenden Kosten!

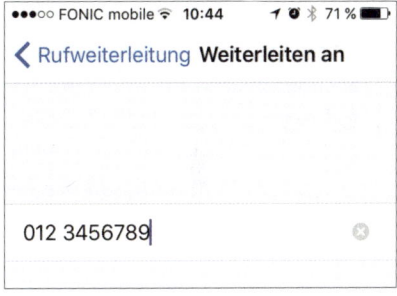

- *Anklopfen/Makeln*: Sofern Ihr Mobilfunkanbieter Anklopfen und Makeln unterstützt, aktivieren Sie diese Option unter *Anklopfen/Makeln*. Unter Anklopfen wird verstanden, dass sich ein Anrufer durch ein Signal bemerkbar machen kann, wenn Sie gerade mit einer anderen Person telefonieren. Beim Makeln lassen sich zwei Anrufe gleichzeitig annehmen, und Sie können zwischen den Anrufern hin- und herschalten.

---

### Unerwünschte Anrufer und Nachrichtenschreiber sperren

Sie werden von einer Person telefonisch belästigt oder mit SMS bombardiert? Solche Personen können Sie sperren.

Voraussetzung ist allerdings, dass Sie die Person Ihren Kontakten hinzufügen.

In den *Einstellungen* unter *Telefon* und dort unter *Anrufe blockieren u. identifizieren* tippen Sie dann auf *Kontakt blockieren*, um den Kontakt auszuwählen – die Person kann Sie dann nicht mehr telefonisch (Mobilfunknetz, FaceTime) oder per Nachricht (SMS, iMessage) kontaktieren.

- *Meine Anrufer-ID senden*: Normalerweise sieht die Person, mit der Sie telefonieren, Ihre Rufnummer auf dem Display. Falls Sie dies nicht wünschen, deaktivieren Sie unter *Meine Anrufer-ID senden* die Option *Anrufer-ID senden*.

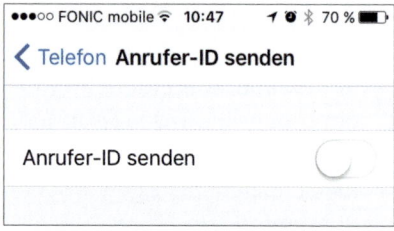

## Die Abfrage der SIM-PIN beim iPhone-Start ausschalten

Um übers Mobilfunknetz zu telefonieren oder ins Internet zu gehen, legen Sie in Ihr iPhone eine (Nano-)SIM-Karte ein. Normalerweise wird dann bei jedem iPhone-Start die SIM-PIN abgefragt.

Das ist einerseits gut, um die Telefonfunktionen Ihres iPhones zu schützen; andererseits kann es lästig sein, die SIM-PIN immer wieder neu eingeben zu müssen, wenn Sie Ihr iPhone häufig abschalten. Zum Deaktivieren der SIM-PIN gehen Sie so vor:

**1** Öffnen Sie die *Einstellungen* und tippen Sie unter *Telefon* auf den Eintrag *SIM-PIN*.

**2** Deaktivieren Sie im nächsten Schritt den Schalter *SIM-PIN*.

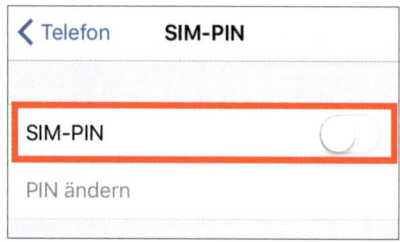

**3** Nun brauchen Sie nur noch einmalig die SIM-PIN einzugeben und mit *Fertig* zu bestätigen.

Praktisch bei Prepaid-Angeboten: Unter *SIM-Anwendungen* lässt sich jederzeit das noch verfügbare Kartenguthaben abfragen.

## Damit Ihr iPhone in Grenznähe nicht den Netzbetreiber wechselt

Deutschland hat neun Nachbarländer, Österreich acht und die Schweiz fünf. Wenn Sie sich in Grenznähe aufhalten, kann es leicht passieren, dass Ihr iPhone automatisch zu einem ausländischen Netzbetreiber wechselt. Um das zu verhindern, öffnen Sie die *Einstellungen* und wählen den Eintrag *Netzbetreiber*. Deaktivieren Sie die Option *Automatisch* und warten Sie einen Moment, bis die verfügbaren Netzbetreiber angezeigt werden. Tippen Sie Ihren Netzbetreiber an, um diesen auszuwählen.

## Individuelle Klingeltöne oder Vibrationen festlegen

In den *Einstellungen* unter *Töne & Haptik* (bzw. nur *Töne* bei iPhones vor Version 7) lassen sich allgemeine Töne und Vibrationsmuster für Anrufe, eingehende Nachrichten und Co. festlegen. Sie können einzelnen Kontakten aber auch individuelle Töne und Vibrationsmuster zuweisen – so wissen Sie immer gleich, ob Ihre Gemahlin oder der Vorgesetzte anruft.

Zum Erstellen individueller Töne und Vibrationsmuster für einen Kontakt gehen Sie so vor:

1 Öffnen Sie die App *Telefon* und wählen Sie *Kontakte* (bzw. öffnen Sie die App *Kontakte*). Tippen Sie einen Kontakt an.

2 Entscheiden Sie sich rechts oben für *Bearbeiten*.

3 Wählen Sie nun den *Klingelton*-Eintrag.

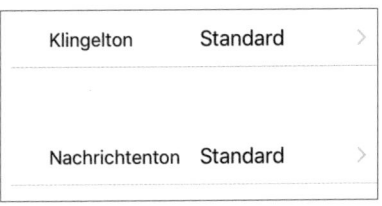

4 Entscheiden Sie sich für einen Klingelton bzw. – unter *Vibration* – für eine Vibration und bestätigen Sie jeweils mit *Fertig*. Möchten Sie unter *Vibration* ein neues Vibrationsmuster anlegen, tippen Sie auf *Neue Vibration erstellen* und nehmen den gewünschten Rhythmus auf.

Genauso lassen sich übrigens auch die Hinweistöne und Vibrationsmuster für eingehende Nachrichten anpassen.

---

**Tastentöne und Sperrton abschalten**

Im Meeting, im Konzert oder nachts im Bett nutzen Sie den Stummschalter, um das iPhone lautlos zu stellen – dies betrifft auch die Tastentöne und den Sperrton. Möchten Sie diese Töne generell abschalten, tun Sie dies in den *Einstellungen* unter *Töne & Haptik* (bzw. auf iPhones vor Version 7 nur *Töne*).

---

## Vier Möglichkeiten, um ein FaceTime-Telefonat zu starten

FaceTime-Telefonate mit anderen Nutzern sind eine feine Sache, wobei diese Telefonate übers Internet geführt werden – auf Wunsch mit Videoübertragung. Hier zeige ich Ihnen vier Möglichkeiten, ein FaceTime-Telefonat zu starten:

- Wählen Sie während eines herkömmlichen Telefonats die Option *FaceTime*.

- Tippen Sie im Chatverlauf in der App *Nachrichten* rechts oben auf das ⓘ-Symbol und wählen Sie dann das Symbol ◼ zum Starten eines Videotelefonats bzw. das Symbol ☎ zum Starten eines Audiotelefonats.

- Rufen Sie einen Kontakt in der App *Telefon* oder *Kontakte* auf und tippen Sie auf das Symbol ◼, um ein Videotelefonat zu starten, bzw. das Symbol ☎ für ein Audiotelefonat. Dazu muss die entsprechende E-Mail-Adresse oder Rufnummer bei dem Kontakt eingetragen sein.

- Öffnen Sie die App *FaceTime* und wählen Sie unter dem Plussymbol ▦ einen Kontakt aus. Alternativ geben Sie die E-Mail-Adresse oder Rufnummer ein, unter der die Person für FaceTime erreichbar ist.

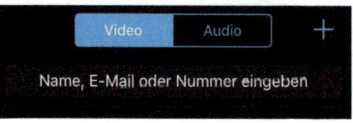

Achten Sie bei Videotelefonaten mit FaceTime in jedem Fall auf eine ausreichend schnelle Internetverbindung und gute Lichtverhältnisse, um Ihrem Gesprächspartner ein gutes Bild zu übermitteln. Wenn Ihr gewünschter Gesprächspartner nicht über ein FaceTime-fähiges Gerät verfügen sollte, nutzen Sie als Alternative die Gratis-App *Skype*, die für deutlich mehr Plattformen zur Verfügung steht.

## Nützliche Tipps für den Nachrichten-Versand

Versenden Sie mit dem iPhone gern Kurznachrichten? Auch dazu habe ich einige tolle Tipps für Sie auf Lager, denn mit iOS 10 wurde Apples iMessage deutlich aufgemöbelt. Lernen Sie auf den nächsten Seiten sowohl neue als auch einige bereits bewährte Funktionen dazu kennen.

### Handschriftliche Nachrichten versenden

Unter iOS 10 lassen sich nicht mehr nur eingetippte Nachrichten versenden, sondern auch handschriftliche Nachrichten, die Sie aufs iPhone-Display schreiben. Geben Sie dazu in der App *Nachrichten* zunächst den oder die iMessage-Empfänger an und tippen Sie dann ins Eingabefeld. Drehen Sie das iPhone anschließend ins Querformat – schon können Sie Ihre handschriftliche Nachricht aufzeichnen. Bestätigen Sie zum Schluss mit *Fertig*, um die handschriftliche Nachricht versenden zu können.

*Verleihen Sie Ihren iMessages durch Ihre Handschrift eine persönlichere Note.*

Beachten Sie: Die handschriftlichen Nachrichten bleiben in einem Verlauf gespeichert. Um einen Eintrag aus dem Verlauf zu entfernen, halten Sie ihn in der Querformat-Ansicht gedrückt, bis die handschriftlichen Nachrichten zu wackeln beginnen. Nun können Sie einzelne handschriftliche Nachrichten aus dem Verlauf löschen.

## Sticker einsetzen

Ein ebenfalls neues Feature unter iOS 10 sind die Sticker, die aus dem App Store geladen werden können und sich ebenfalls für den Nachrichtenversand einsetzen lassen.

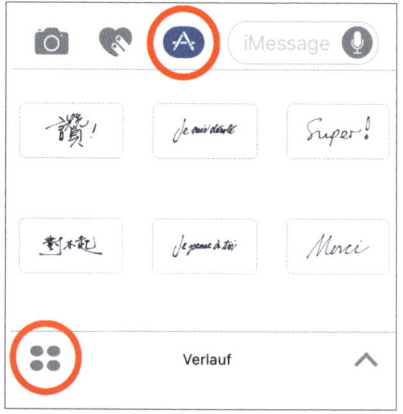

Um einen Sticker zu verwenden, tippen Sie links neben dem iMessage-Eingabefeld auf das Symbol Ⓐ.

Wählen Sie anschließend das Symbol ⁞⁞, um sich die Einfügeoptionen anzeigen zu lassen.

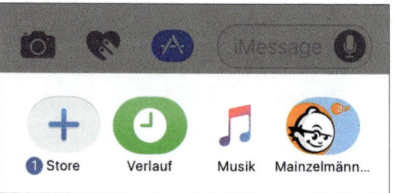

Nun können Sie *Store* wählen, um Sticker auf Ihr iPhone zu laden, bzw. bereits heruntergeladene Sticker aufrufen.

*Neben handschriftlichen Nachrichten lassen sich in eine iMessage unter iOS 10 auch Sticker sowie zuletzt gespielte Titel einfügen (Option »Musik«).*

## iMessages mit Digital Touch versenden

Ein weiteres neues Feature unter iOS 10 ist das Versenden von Digital-Touch-Zeichnungen mit iMessage. Hierbei handelt es sich nicht um statische Zeichnungen, sondern um Animationen.

Um Digital Touch zu verwenden, geben Sie den oder die iMessage-Empfänger an und tippen dann links neben dem Eingabefeld für den Nachrichtentext auf das Symbol 🖤. Die folgenden Digital-Touch-Optionen stehen Ihnen anschließend zur Verfügung:

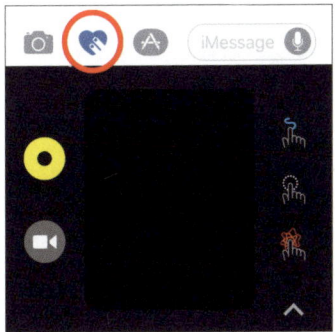

- *Scribble:* Streichen Sie mit einem Finger, um zu zeichnen. Ihnen stehen mehrere Zeichenfarben zur Verfügung, und Sie können beim Zeichnen sogar die iPhone-Kamera einschalten.

- *Tap:* Tippen Sie mit einem Finger, um animierte Kreise per iMessage zu versenden.

- *Feuerball:* Halten Sie die Zeichenfläche gedrückt, um animierte Feuerbälle per iMessage zu versenden.

- *Kuss:* Möchten Sie einen animierten Kuss senden, tippen Sie mit zwei Fingern auf die Zeichenfläche.

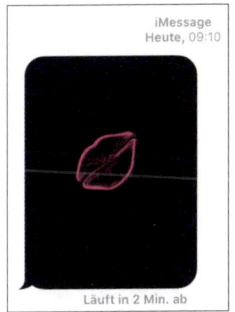

- *Herzschlag:* Soll ein animierter Herzschlag versandt werden, halten Sie die Zeichenfläche mit zwei Fingern gedrückt.

- *Zerbrochenes Herz:* Schließlich können Sie auch ein animiertes zerbrochenes Herz senden, indem Sie die Zeichenfläche mit zwei Fingern gedrückt halten und die Finger dann nach unten ziehen.

## Nachrichten mit Sprechblasen kommentieren

Auch für erhaltene iMessages gibt es unter iOS 10 eine neue Funktion: Kommentieren Sie eine Nachricht auf die Schnelle

mit einer Sprechblase, indem Sie die Nachricht gedrückt halten und eine der Sprechblasen auswählen.

## Mit iMessage eine Sprachbotschaft übermitteln

Mit iMessage lassen sich natürlich auch Fotos und Videos als Nachricht verschicken, die Sie in der App *Fotos* gespeichert haben. Die Auswahl treffen Sie unter dem Symbol 📷. Oder möchten Sie eine Sprachbotschaft übermitteln? Dazu tippen Sie im Eingabefeld für die iMessage auf das Symbol 🎤 und halten dieses gedrückt, während Sie Ihre Sprachbotschaft einsprechen. Sie können die Sprachbotschaft anschließend direkt an den Empfänger senden.

**Beim Versand von teuren SMS: Lassen Sie sich die Zeichenanzahl anzeigen**

Falls Sie Ihre Nachrichten nicht mit iMessage übers Internet versenden, sondern per SMS, sollten Sie sich – es sei denn, Sie verfügen über eine SMS-Flatrate – die Zeichenanzahl Ihrer SMS anzeigen lassen. SMS sind nämlich auf 160 Zeichen beschränkt. Bei mehr Zeichen werden ein-

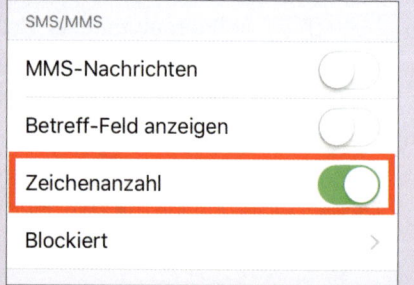

fach mehrere SMS verschickt. Öffnen Sie die *Einstellungen* und wählen Sie *Nachrichten*. Aktivieren Sie dort die Option *Zeichenanzahl*. Sie sehen nun beim Verfassen einer Nachricht ab der zweiten Zeile, wie viele Zeichen Sie bereits eingegeben haben.

Aufgepasst: Die Sprachnachrichten werden standardmäßig nach zwei Minuten automatisch gelöscht, sofern sie nicht mit der Option *Behalten* gesichert werden. In den *Einstellungen* unter *Nachrichten* lässt sich diese Frist auf 30 Tage verlängern.

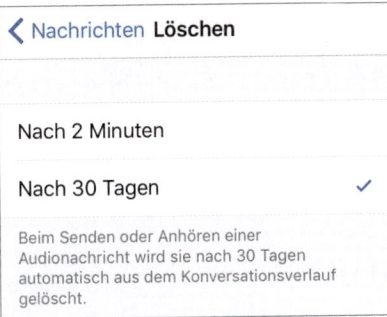

## Standort senden oder freigeben

Auch das Senden des eigenen Standorts bzw. die Standortfreigabe für einen bestimmten Zeitraum ist in der App *Nachrichten* möglich. Wählen Sie dazu in der App *Nachrichten* eine Konversation aus und tippen Sie rechts oben auf das Symbol ⓘ. Wählen Sie nun entweder *Meinen aktuellen Standort senden* oder entscheiden Sie sich für *Standort teilen*, um anschließend festzulegen, für wie lange Sie Ihren Standort freigeben möchten.

## Damit es bei einem Chat nicht ständig bimmelt

Hinweistöne sind ja durchaus nützlich. Wenn Sie die App *Nachrichten* zum Chatten verwenden, können diese allerdings auch schnell nervig werden. Praktisch: Die Hinweistöne lassen sich für einzelne Konversationen abschalten. Öffnen Sie dazu eine Konversation und tippen Sie rechts oben auf das ⓘ-Symbol.

Aktivieren Sie die Option *Nicht stö-ren*. Bei einem Gruppenchat finden Sie zudem die Option *Konversation verlassen* – falls Sie an einem Chat gar nicht mehr teilnehmen möchten.

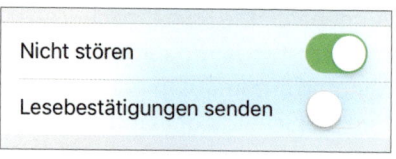

## Damit Sie nachts nicht durch Anrufe und Hinweistöne gestört werden

Der Nicht-stören-Modus ist eine intelligente Alternative zum Stummschalten. Während Sie mit dem Stummschalter tatsächlich nur die Töne abstellen, kann der Nicht-stören-Modus bestimmte Anrufer klingeln lassen. Und er lässt sich per Zeitplan steuern – so werden Sie nachts bei eingeschaltetem iPhone nicht durch unerwünschte Töne geweckt.

Den Zeitplan für den Nicht-stören-Modus richten Sie in den *Einstellungen* unter *Nicht stören* ein, indem Sie die Option *Geplant* aktivieren und den Zeitraum festlegen, in dem der Modus automatisch aktiviert werden soll. (Alternativ kann der Nicht-stören-Modus auch jederzeit per Symbol ☾ im Kontrollzentrum aktiviert bzw. deaktiviert werden.)

Bestimmen Sie anschließend noch, ob und welche Anrufe auch im Nicht-stören-Modus durchgelassen werden sollen und ob der Nicht-stören-Modus ständig oder nur im Sperrzustand des iPhones aktiviert sein soll.

# 6. Tricks zu Kamera, Bildbearbeitung und Präsentation

Die Qualität der iPhone-Kamera ist hervorragend, dies gilt besonders für die neueren iPhone-Modelle. Dabei können Sie Fotos und Videos mit dem iPhone nicht nur aufnehmen – Sie können diese auch direkt auf dem Gerät bearbeiten sowie anderen Personen präsentieren. Die besten Tipps und Tricks zu diesem Thema habe ich in diesem Kapitel für Sie zusammengestellt.

## Die besten Kamera-Funktionen ausloten

Was die iPhone-Kamera betrifft, wurde die Qualität bei den 7er-Modellen noch mal deutlich verbessert, und das iPhone 7 Plus verfügt dank Dual-Kamera sogar über eine Weitwinkelfunktion. Was iOS 10 anbelangt, ist eine wichtige Neuerung, dass die Kamera-App auf dem Sperrbildschirm nun durch Streichen vom rechten Display-Rand gestartet werden kann.

Zum Aufnehmen von Fotos oder Videos wählen Sie zunächst eine der angebotenen Optionen aus: *Foto*, *Quadrat* (quadratisches Foto), *Pano* (Panoramafoto), *Video*, *Slo-Mo* (Zeitlupenvideo) oder *Zeitraffer* (Zeitraffervideo). Entscheiden Sie dann, ob Sie eine hochformatige oder eine querformatige Aufnahme machen möchten, und halten Sie das iPhone entsprechend.

Per Symbol ⟳ bestimmen Sie, ob Sie das Foto mit der iSight-Kamera auf der Rückseite oder mit der FaceTime-Kamera auf der Vorderseite machen möchten.

Sie können vor der Aufnahme auch noch den Blitz (Symbol ⚡) und die Hochkontrastfunktion (Option *HDR*) einschalten oder einen Filter für die Aufnahme auswählen (Symbol ◐).

*Ihnen stehen für die Fotoaufnahme diverse Kamerafilter zur Verfügung, etwa zur Aufnahme von Schwarz-Weiß-Bildern.*

### Aufnahme ohne Blick auf das Display starten

Damit Sie bei der Aufnahme das Motiv im Blick behalten können: Die Aufnahme sowohl von Fotos als auch von Videos kann nicht nur durch das Antippen des Aufnahme-Buttons erfolgen, sondern auch durch das Drücken einer der beiden Lautstärketasten.

## Aufnahmen per Selbstauslöser tätigen

Möchten Sie die Selbstauslöserfunk-  tion nutzen, die es erlaubt, Fotos mit einer Zeitverzögerung von drei bzw. zehn Sekunden zu schießen? Um den Selbstauslöser zu aktivieren, tippen Sie in der App *Kamera* auf das Symbol 🕐, um anschließend die Zeitverzögerung festzulegen. Jetzt müssen Sie nur noch den Auslöser betätigen, um die Fotoaufnahme mit Zeitverzögerung zu starten. Den Selbstauslöser müssen Sie nach der Aufnahme wieder deaktivieren, indem Sie unter dem Symbol 🕐 auf *Aus* tippen.

## Live Photos aufnehmen

Speziell auf den neueren iPhones lassen sich auch sogenannte Live Photos aufnehmen – bei diesen handelt es sich eigentlich um kurze Videosequenzen inklusive Ton, die sich dann auch auf anderen Apple-Geräten wie älteren iPhones, iPads, Macs und Apple Watches betrachten lassen.

Zum Aktivieren bzw. Deaktivieren der Live Photos tippen Sie in der App *Kamera* auf das Symbol ◎. Die Wiedergabe eines Live Photos erfolgt durch Antippen und Gedrückthalten. Bevor Sie ein Live Photo versenden, sollten Sie sich dieses stets komplett ansehen.

## Hochauflösende Panoramabilder aufnehmen

Mit Ihrem iPhone lassen sich auch hochauflösende Panoramafotos aufnehmen, die auf den neueren iPhones eine Größe von 63 Megapixeln haben. So gehen Sie dazu vor:

**1** Entscheiden Sie sich in der App *Kamera* für die Aufnahmefunktion *Pano* (ganz rechts in der Liste).

**2** Halten Sie die Kamera im Hochformat und drücken Sie den Auslöser.

**3** Bewegen Sie das iPhone nun von links nach rechts, und zwar möglichst auf einer Linie. Auf dem iPhone-Display sehen Sie einen Pfeil, und Sie erhalten Hinweise, falls Korrekturen bei der Panoramaaufnahme erforderlich werden sollten.

**4** Um die Panoramaaufnahme zu beenden, drücken Sie erneut den Auslöser. Das Panoramabild finden Sie wie die anderen Aufnahmen in der App *Fotos*.

## Zeitraffervideos aufzeichnen

Mit Ihrem iPhone können Sie neben normalen Videos und Zeitlupenvideos (Slo-Mo) auch Videos im Zeitraffer aufzeichnen. Während die Bildfrequenz bei der Zeitlupe erhöht wird (von 60 auf 120 oder

sogar 240 frames per second), wird diese beim Zeitraffer verringert. Um eine Videoaufnahme im Zeitraffer zu machen, wählen Sie in der Kamera-App die Option *Zeitraffer* (ganz links in der Liste). Drücken Sie anschließend den Auslöser, um die Aufnahme zu starten, und auch, um diese wieder zu beenden. Die fertige Aufnahme finden Sie in der App *Fotos*.

## Mit einem Mac: die Inhalte auf dem iPhone-Display aufzeichnen

Falls Sie einen Mac mit der neuesten macOS-Version Ihr Eigen nennen (bei Redaktionsschluss ist dies macOS Sierra), lassen sich die Display-Inhalte des iPhones auf dem Computer aufzeichnen. Hierzu eine kleine Schrittanleitung:

**1** Verbinden Sie das iPhone per USB-Kabel mit dem Mac. Bei der ersten Verbindung müssen Sie auf dem iPhone bestätigen, dass Sie dem Mac vertrauen.

**2** Öffnen Sie das Launchpad und starten Sie die App *QuickTime Player*.

**3** Entscheiden Sie sich in der Menüleiste des QuickTime Players für *Ablage/Neue Video-Aufnahme*.

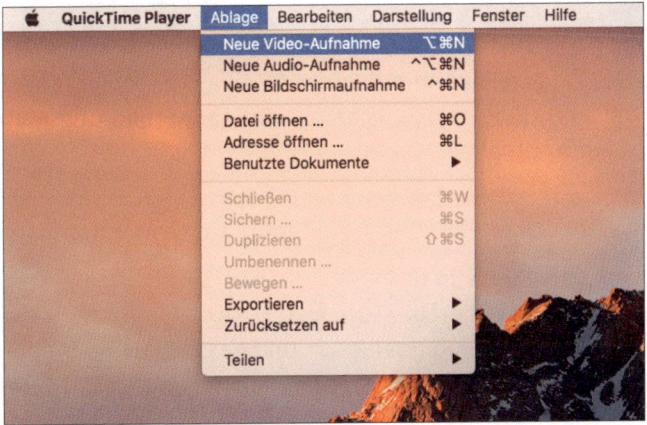

**4** Klicken Sie rechts neben dem Aufnahme-Button auf den kleinen Drop-down-Pfeil ⌄ und wählen Sie Ihr iPhone aus.

**5** Der Display-Inhalt wird Ihnen angezeigt, wobei das Hoch- oder Querformat auch auf dem Mac erkannt wird. Klicken Sie auf den Aufnahme-Button, um die Display-Aufnahme zu starten.

Sie können das aufgezeichnete Video anschließend im QuickTime-Format MOV speichern (mit *Ablage/Sichern*) oder aber im iPhone-Format MP4 (mit *Ablage/Exportieren*).

---

**Und wie nehme ich ein Display-Foto direkt auf dem iPhone auf?**

Falls Sie den aktuellen Display-Inhalt abfotografieren möchten, drücken Sie gleichzeitig auf den Ein-/Ausschalter und die Home-Taste Ihres iPhones. Es ertönt ein Kamerageräusch, und das Display-Foto befindet sich zusammen mit Ihren anderen Aufnahmen in der App *Fotos*.

---

# Ihre Bilder direkt auf dem iPhone bearbeiten

Die Bilder, die Sie mit dem iPhone aufgenommen haben, lassen sich dort auch direkt bearbeiten. Um ein Foto zu bearbeiten, tippen Sie dieses in der App *Fotos* an und wählen anschließend das Symbol mit den drei Schiebereglern.

Ihnen werden daraufhin verschiedene Symbole für die Bildbearbeitung angeboten. Um einen Bearbeitungsschritt jeweils zu speichern, tippen Sie auf das Symbol. Um einen Bearbeitungsschritt oder die Bearbeitung insgesamt abzubrechen, tippen Sie auf das Symbol. Die folgenden Bildbearbeitungsfunktionen sind auf Ihrem iPhone an Bord:

- *Zuschneiden*: Wenn Sie ein Foto zuschneiden möchten, tippen Sie auf das Symbol und ziehen den Zuschnittrahmen mit dem Finger in die gewünschte Position und Größe. Alternativ können Sie mit dem Symbol ein bestimmtes Zuschnittformat festlegen. Eine Skala hilft Ihnen zudem beim optimalen Ausrichten des Bildes.

- *Drehen*: Ebenfalls unter dem Symbol finden Sie das Symbol. Tippen Sie es an, um das Foto um jeweils 90 Grad gegen den Uhrzeigersinn zu drehen.

- *Filter*: Ein Filter lässt sich nicht nur beim Fotografieren einsetzen, sondern auch nachträglich auf ein Foto anwenden. Hierzu tippen Sie auf das Symbol ⦾ und wählen einen der angebotenen Filter aus, etwa um das Foto mit einem Sepia-Effekt zu versehen.

- *Licht*: Falls ein Foto zu dunkel oder zu hell geraten ist, tippen Sie auf das Symbol ⬡ und wählen die Option *Licht*, um anschließend die Helligkeit anpassen zu können. Auch Kontrast, Schwarzpunkt und weitere Parameter lassen sich hier verändern.

- *Farbe*: Sind Sie mit der Farbsättigung auf einem Foto unzufrieden? In diesem Fall tippen Sie unter dem Symbol ⬡ auf *Farbe*, um Bearbeitungsoptionen im Zusammenhang mit den Farben des Bildes zu erhalten.

- *S/W*: Wenn Sie auf das Symbol ⬡ tippen und die Option *S/W* wählen, erhalten Sie Anpassungsmöglichkeiten speziell für Schwarz-Weiß-Aufnahmen, beispielsweise das Anpassen der Intensität.

- *Rote Augen entfernen*: Falls Sie rote Augen in einem Porträtfoto entfernen möchten, tippen Sie auf das Symbol ⊘, um die Fehlerkorrektur durchzuführen. Das Symbol wird nur bei Verfügbarkeit angezeigt.

- *Automatische Verbesserung*: Auch eine automatische Verbesserung des Fotos lässt sich veranlassen. Tippen Sie einfach auf das Symbol ⬕.

Bei der Bildbearbeitung in der App *Fotos* gehen Sie kein Risiko ein. Wenn Sie die Bearbeitungsoptionen zu einem Foto später erneut aufrufen, tippen Sie auf das Symbol, um das Bild zurück in den Originalzustand zu versetzen.

---

**Foto- und Videobearbeitung mit Zusatz-Apps**

Die Videobearbeitung ist mit Bordmitteln auf das Trimmen eines Clips beschränkt. Aber wenn Sie eine Zusatz-App wie beispielsweise *iMovie* auf dem iPhone installiert haben, können Sie direkt in der App *Fotos* auch auf die Bearbeitungsfunktionen der Zusatz-App zugreifen. Tippen Sie dazu auf das in der App *Fotos* eingeblendete Symbol und wählen Sie die Zusatz-App aus, um auf deren Funktionen zuzugreifen.

---

# Ihre Bilder präsentieren oder mit anderen Personen austauschen

Wenn Sie Ihre Aufnahmen fertig bearbeitet haben, übertragen Sie diese – wie bei einer herkömmlichen Digitalkamera – per USB-Kabel auf den PC.

Alternativ nutzen Sie eine App wie *WiFi Photo Transfer*, um die Aufnahmen bequem per WLAN auf den PC zu kopieren. Sie können Ihre Bilder natürlich auch direkt auf dem iPhone anderen Personen präsentieren – oder diese für andere im Internet verfügbar machen.

## Aufnahmen als Diashow mit Musikuntermalung wiedergeben

Wenn Sie ein Foto in der App *Fotos* aufrufen, streichen Sie nach rechts oder links, um durch Ihre Aufnahmen zu blättern. Eine schönere Präsentation gelingt allerdings mit einer Diashow – wenn gewünscht mit Musikuntermalung.

Legen Sie für Ihre Diashow am besten ein extra Album an – das Album ist eine Art Wiedergabeliste für Ihre Foto- und Videoaufnahmen. Entscheiden Sie sich dazu unten in der App *Fotos* für *Fotos*, um eine Übersicht über alle Aufnahmen zu erhalten. Gehen Sie dann rechts oben auf *Auswählen* und tippen Sie die gewünschten Aufnahmen an.

Haben Sie Ihre Auswahl getroffen, tippen Sie unten auf *Hinzufügen* und dann auf *Neues Album*, um ein neues Album mit den ausgewählten Aufnahmen zu erstellen. Geben Sie dem neuen Album eine schlüssige Bezeichnung und bestätigen Sie mit *Sichern*.

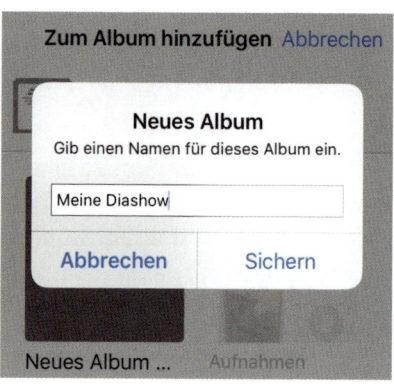

Um die Diashow zu starten, wählen Sie das Album in der App *Fotos* unter *Alben* aus. Tippen Sie auf das erste Foto im Album und entscheiden Sie sich anschließend links unten für das Symbol ⬆. Im Menü wählen Sie die Option *Diashow*.

Die Diashow wird wiedergegeben. Wenn Sie in die Diashow tippen und dann rechts unten *Optionen* wählen, erhalten Sie Optionen zum Ändern des Übergangs, zum Festlegen der Hintergrundmusik etc.

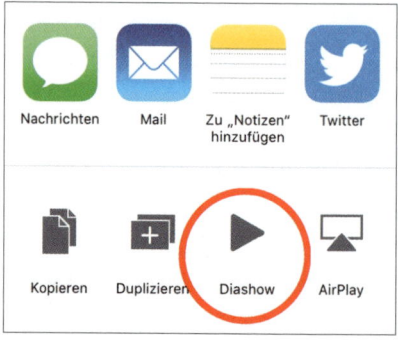
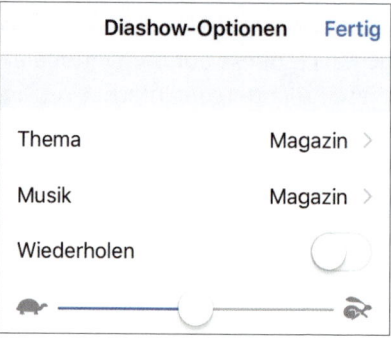

*Die Diashow kann auf dem iPhone gestartet und präsentiert werden – mit einem Apple TV aber auch auf einem TV-Gerät oder einer Beamer-Leinwand dargestellt werden.*

Ebenfalls eine Art Diashow bietet die unter iOS 10 neu hinzugekommene Funktion *Andenken*, die Sie unten in der App *Fotos* aufrufen. Bei den Andenken handelt es sich um automatisch generierte Zusammenstellungen Ihrer Aufnahmen.

---

**Ein eigenes Foto als Display-Hintergrund festlegen**

Oder möchten Sie ein selbst aufgenommenes Foto als Display-Hintergrund einsetzen? Kein Problem: Wählen Sie das Foto in der App *Fotos* aus, tippen Sie links unten auf das Symbol ⬆ und wählen Sie die Option *Als Hintergrundbild*. Bestimmen Sie anschließend noch, ob das Bild nur auf dem Home-Bildschirm, nur auf dem Sperrbildschirm oder auf beiden Bildschirmen als Hintergrund verwendet werden soll.

---

## Bilder teilen per iCloud-Fotofreigabe

Eine ausgezeichnete Möglichkeit, um Ihre Aufnahmen mit anderen Personen zu teilen, stellt die *iCloud-Fotofreigabe* dar. Andere Personen können die von Ihnen freigegebenen Aufnahmen dann nicht nur betrachten, sondern auch – sofern von Ihnen gestattet – kommentieren und ergänzen.

Dazu aktivieren Sie zunächst, falls noch nicht geschehen, die Option *iCloud-Fotofreigabe*, und zwar in den *Einstellungen* unter *iCloud* und dort unter *Fotos*. Die Optionen *iCloud-Fotomediathek* und *Mein Fotostream*

iCloud-Fotofreigabe

Erstelle Alben, um sie mit anderen Personen zu teilen, oder abonniere von anderen geteilte Alben.

können für diesen Zweck deaktiviert bleiben, diese dienen lediglich zum Austausch der Aufnahmen auf Ihren eigenen Geräten.

Folgendermaßen gehen Sie nun vor, um ein neues freigegebenes Album zu erstellen und diesem Aufnahmen hinzuzufügen:

**1** Öffnen Sie die App *Fotos* und tippen Sie unten auf die nach der aktivierten *iCloud-Fotofreigabe* eingeblendete Rubrik *Für alle*.

**2** Sollten Ihnen zunächst Ihre Aktivitäten angezeigt werden, streichen Sie mit dem Finger von links nach rechts. Tippen Sie dann auf das Plussymbol +. Noch ein Hinweis: Das freigegebene Album *Family* steht bereits zur Verfügung – dieses wird für die Familienfreigabe verwendet, die ich Ihnen in Kapitel 9 noch näher vorstellen werde.

**3** Geben Sie dem Album einen Namen und bestätigen Sie anschließend mit *Weiter*.

**4** Nun könnten Sie bereits Personen für die Freigabe einladen, doch es gibt weitere Optionen, die ich Ihnen gleich noch vorstelle. Bestätigen Sie deshalb einfach mit *Erstellen*.

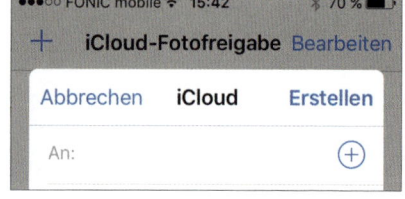

**5** Sie finden das freigegebene Album in der Liste. Tippen Sie es an, um es zu öffnen. Klicken Sie auf das Plussymbol.

**6** Wählen Sie die Fotos, die Sie freigeben möchten, durch Antippen in der App *Fotos* aus und bestätigen Sie Ihre Auswahl mit *Fertig*. Wenn Sie wollen, können Sie die Bilder anschließend noch mit einem Text versehen.

**7** Bestätigen Sie die Freigabe mit einem Fingertipp auf *Posten*.

**8** Jetzt legen Sie noch fest, wer auf das freigegebene Album zugreifen darf. Tippen Sie dazu unten im freigegebenen Album auf *Personen*. Mit *Einladen* gestatten Sie einzelnen Personen den Zugriff auf das Album. Aktivieren Sie hingegen die Option *Öffentliche Website*, werden die Fotos auf einer Webseite veröffentlicht und Sie können den angezeigten Link zu dieser Webseite teilen. Gut zu wissen: Die Option *Mitteilungen* betrifft Kommentare von anderen Personen; ist die Option *Abonnenten können posten* aktiviert, können andere Personen dem Album Fotos hinzufügen.

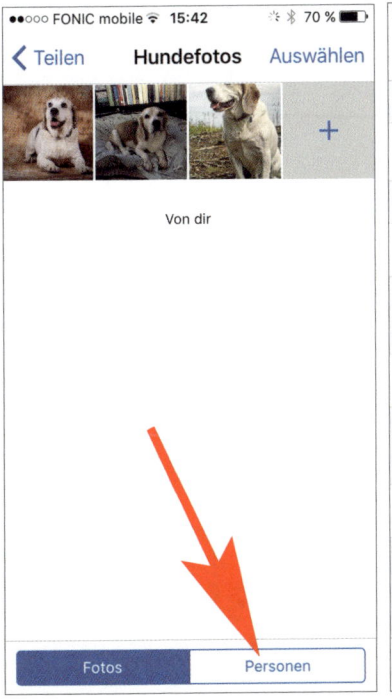
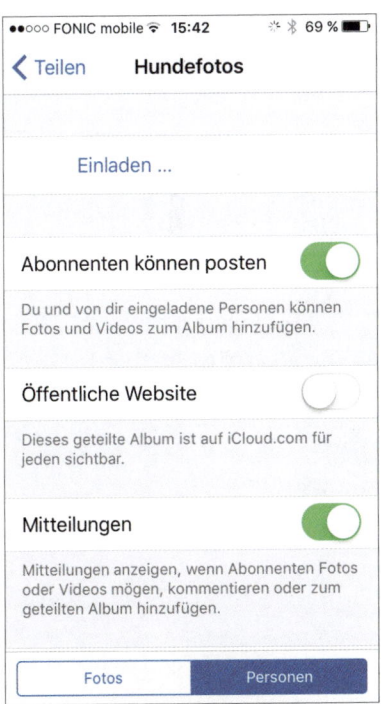

# 7. Tolle Kniffe zum Thema Musik, Filme und Co.

Als echtes Multitalent ist das iPhone auch die reinste Medienmaschine. Kein Wunder, denn es ist schließlich aus dem Mediaplayer iPod hervorgegangen. Egal, ob Musik, Hörbücher, Filme oder Podcasts – das iPhone gibt so gut wie alles wieder, sofern das Format stimmt. In diesem Kapitel habe ich Tipps und Tricks speziell zu diesem Thema für Sie aufgeschrieben – vom selbst erstellten iPhone-Klingelton bis hin zur Übertragung Ihrer Mediendateien auf die Bluetooth-Stereoanlage oder das TV-Gerät.

## iPhone-Klingeltöne aus Ihren Songs selbst erstellen

Die bereits verfügbaren iPhone-Klingeltöne sind zwar okay, aber mehr auch nicht. Verwandeln Sie doch einfach Ihren Lieblingssong in einen Klingelton. Dazu nutzen Sie iTunes auf dem Rechner, hier dargestellt am Beispiel eines Windows-PCs. Es sind zwar einige Schritte erforderlich, aber letztlich ist die Sache ganz einfach.

**1** Für das Erstellen eigener Klingeltöne muss in iTunes am PC der *AAC-Codierer* ausgewählt sein, was standardmäßig der Fall ist. Prüfen Sie dies in den iTunes-Einstellungen, indem Sie dort unter *Allgemein* auf *Importeinstellungen* klicken. Im Menü *Importieren mit* soll die Option *AAC-Codierer* ausgewählt sein oder werden.

**2** Klicken Sie in iTunes den Song, aus dem Sie einen Klingelton erstellen möchten, mit der rechten Maustaste an, und wählen Sie im Kontextmenü den Eintrag *Informationen.*

**3** Im sich öffnenden Fenster wählen Sie nun *Optionen* und bestimmen unter *Start* und *Stopp* die Dauer des Musikstücks. Für einen Klingelton darf diese maximal 40 Sekunden betragen. Bestätigen Sie Ihre Einstellungen mit *OK*.

**4** Wählen Sie nun in der Menüleiste unter *Datei* den Eintrag *Konvertieren/AAC-Version erstellen.*

**5** Jetzt klicken Sie die neu erstellte Datei mit maximal 40 Sekunden Dauer mit der rechten Maustaste an und wählen im Kontextmenü den Eintrag *In Windows Explorer zeigen*. Alternativ können Sie auch im Musikordner auf die Datei zugreifen, den Sie unter dem Pfad *iTunes/iTunes Media/Music* finden.

**6** Sofern die Dateitypen ausgeblendet sind, aktivieren Sie diese im Windows-Explorer unter *Ansicht*, indem Sie ein Häkchen in das Kontrollkästchen *Dateinamenerweiterungen* setzen.

**7** So geht's weiter: Klicken Sie zweimal auf die Datei. Ändern Sie den Dateityp von *.m4a* in *.m4r* um. Bestätigen Sie per *Return*-Taste und klicken Sie im Hinweisfenster auf *Ja*.

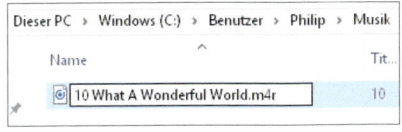

**8** Importieren Sie nun den Klingelton in die iTunes-Mediathek. In iTunes auf dem Windows-PC klicken Sie dazu in der Menüleiste auf *Datei* und wählen *Datei zur Mediathek hinzufügen*. Synchronisieren Sie den Klingelton anschließend mit dem iPhone.

**9** Um den Klingelton auf dem iPhone zu verwenden, entscheiden Sie sich in den dortigen *Einstellungen* für *Töne & Haptik* (bzw. auf iPhones vor Version 7 nur *Töne*) und dann für *Klingelton*. Tippen Sie Ihren Klingelton an.

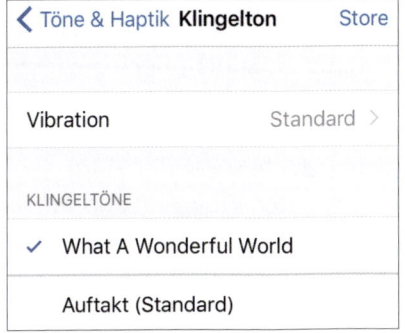

Wichtig: Denken Sie daran, bei der Originaldatei die Beschränkung auf maximal 40 Sekunden Dauer wieder zu entfernen, ansonsten wird der Song nur noch in dieser Länge wiedergegeben!

## Prima Tipps für die Medienwiedergabe

Die Wiedergabe von Musik, Filmen und Co. erfolgt auf dem iPhone weitgehend intuitiv, aber es gibt doch einige pfiffige Tipps und Tricks, die Sie kennen sollten:

- Sparen Sie Speicherplatz auf dem iPhone, indem Sie Titel, die Sie im iTunes Store gekauft haben, übers Internet streamen, statt diese auf das Gerät herunterzuladen. Mit dem Dienst iTunes Match (Kostenpunkt

24,99 Euro im Jahr, Aktivierung im iTunes Store auf dem PC) können Sie auch solche Songs im Internet verfügbar machen, die Sie anderweitig gekauft haben.

- Mit dem Dienst Apple Music können Sie Millionen Musiktitel streamen, ohne diese zu kaufen. Das kostet als Einzelperson 9,99 Euro pro Monat bzw. als Familie 14,99 Euro pro Monat. In der App *Einstellungen* unter *Musik* und dort in der Rubrik *Für dich* können Sie ein dreimonatiges Probeabo abschließen, um den Dienst kostenlos zu testen. Beachten Sie aber, dass die automatische Verlängerung für das Abo in Ihrem iTunes-Account ausgeschaltet werden muss, sonst läuft es nach dem Probeabo kostenpflichtig weiter.

- Der Klang bei der Musikwiedergabe entspricht noch nicht so ganz Ihren Vorstellungen? Abhilfe kann da der Equalizer schaffen, der Ihnen in den *Einstellungen* unter *Musik* und dort unter *EQ* zur Verfügung steht. Beachten Sie aber, dass der Equalizer den Strombedarf Ihres iPhones leicht erhöht.

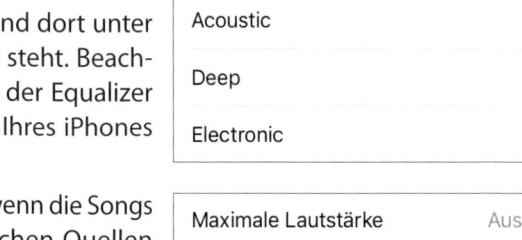

- Besonders dann, wenn die Songs aus unterschiedlichen Quellen stammen, kann sich die Wiedergabelautstärke unterscheiden.

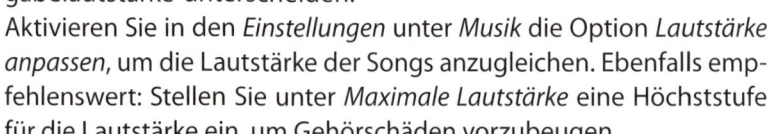

Aktivieren Sie in den *Einstellungen* unter *Musik* die Option *Lautstärke anpassen*, um die Lautstärke der Songs anzugleichen. Ebenfalls empfehlenswert: Stellen Sie unter *Maximale Lautstärke* eine Höchststufe für die Lautstärke ein, um Gehörschäden vorzubeugen.

- Praktisch zum Einschlafen: Beenden Sie die Musikwiedergabe mithilfe des Timers in der App *Uhr*. Tippen Sie dazu im Timer auf den Eintrag *Timer-Ende* und wählen Sie ganz unten die Option *Wiedergabe stop-*

*pen*. Das Stoppen der Wiedergabe funktioniert übrigens nicht nur bei der App *Musik*, sondern auch bei Spotify und Co.

---

**Hilfe! Das iPhone spielt meine Filme nicht ab!**

Während es bei der App *Musik* kaum Formatprobleme gibt, da die meisten Songs im MP3- oder AAC-Format vorliegen, sieht es bei der App *Videos* etwas anders aus. Von dieser werden nur wenige Formate erkannt. Sie können Ihre Filme nun mühselig konvertieren, etwa mit der kostenlosen Software HandBrake, die Sie unter der Webadresse handbrake.fr finden. Die einfachere Variante besteht allerdings darin, eine Zusatz-App zu installieren, die mehr Formate wiedergibt. Die App *GPlayer*, die bei Redaktionsschluss mit 2,99 Euro zu Buche schlug, kann ich in diesem Zusammenhang wärmstens empfehlen.

---

## Medienstreaming leicht gemacht

Manchmal werden Sie sich wünschen, Ihre Musik und Ihre Filme auf die Stereoanlage bzw. den Fernseher zu übertragen. Mit den passenden Geräten ist das eine einfache Sache. Und natürlich geht es ohne Kabel.

Eine einfache Variante ist die Bluetooth-Stereoanlage, die Sie – ähnlich wie im zweiten Kapitel im Zusammenhang mit einer Bluetooth-Tastatur beschrieben – mit dem iPhone koppeln. Wenn Bluetooth sowohl auf dem iPhone als auch an der Stereoanlage aktiviert ist, wird die Musik, die auf dem iPhone läuft, auf die Stereoanlage übertragen. Ich selbst besitze das Modell Philips BTM2180/12, mit dem eine solche Übertragung problemlos möglich ist.

*Hier wird Musik vom iPhone auf eine Bluetooth-Stereoanlage gestreamt.*

Eine weitere Streaming-Variante ist AirPlay. Die Übertragung erfolgt an AirPlay-fähige Geräte. Das Aktivieren von AirPlay erfolgt im Kontrollzentrum. Was die AirPlay-fähigen Geräte betrifft, ist allen voran das Apple TV zu nennen, das den Zugriff auf iPhone-Inhalte auch auf dem TV-Gerät ermöglicht. Das Apple TV bietet zusätzlich noch weitere Funktionen wie den Zugriff auf die von

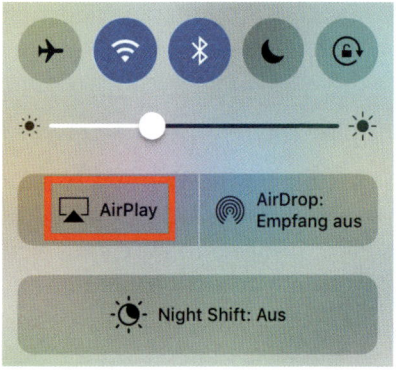

Ihnen im iTunes Store erworbenen Artikel und die Möglichkeit, weitere Filme zu kaufen oder auszuleihen. Mit verschiedenen Apps erhalten Sie außerdem Zugriff auf Ihren Fotostream, auf Podcasts, Netflix und mehr.

## Per Privatfreigabe Musik vom PC aufs iPhone übertragen

Ein Apple TV kann auch, dank Privatfreigabe, auf die iTunes-Mediathek auf dem PC zugreifen. Aber das kann auch das iPhone.

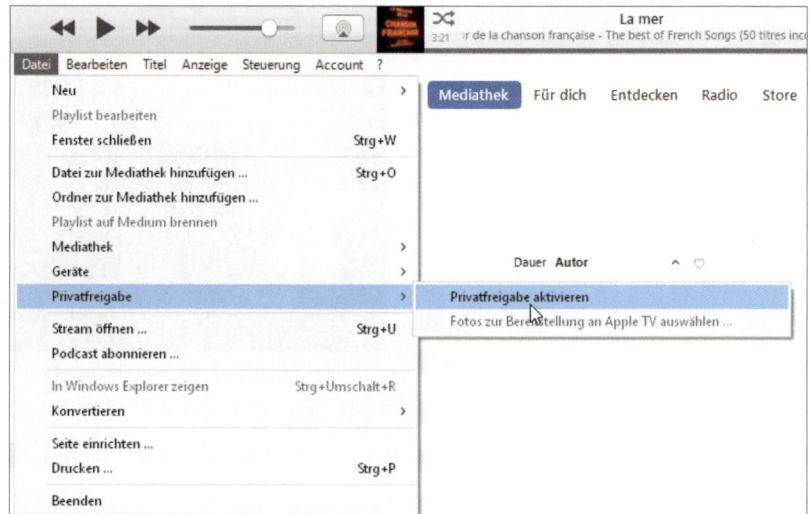

Hierzu muss die Privatfreigabe zunächst in iTunes sowohl auf dem PC als auch auf dem iPhone aktiviert werden. In iTunes auf dem PC klicken Sie dazu in der Menüleiste auf *Datei* und wählen *Privatfreigabe/Privatfreigabe aktivieren*. Auf dem iPhone finden Sie zum Aktivieren der Privatfreigabe den Abschnitt *Privatfreigabe* in den *Einstellungen* sowohl unter *Musik* als auch unter *Videos*. Melden Sie sich jeweils mit Ihrer Apple-ID an.

Der Zugriff auf die iTunes-Mediathek erfolgt in der App *Musik* unter *Privatfreigabe*. In der App *Videos* wählen Sie die Rubrik *Geteilt*.

---

**Die iTunes-Mediathek mithilfe des iPhones steuern**

Auch andersherum geht was: Installieren Sie die kostenlose Apple-App *iTunes Remote*, um damit iTunes auf dem PC oder ein Apple TV mit dem iPhone fernzusteuern.

---

# 8. Das Internet auf dem iPhone noch besser nutzen

Mit dem iPhone ins Internet – für die meisten iPhone-Nutzer ist das längst Alltag. Aber schöpfen Sie bereits alle Funktionen aus, die das iPhone Ihnen in diesem Zusammenhang zu bieten hat? Dieses Kapitel bietet Ihnen clevere Tipps und Tricks, beispielsweise für das Herstellen einer Internetverbindung im Ausland, die gekonnte Nutzung der Suchfunktionen in der App *Safari* oder das Verwenden der VIP-Liste in der App *Mail*.

## Internetnutzung im Ausland

Wenn Sie im Ausland telefonieren oder ins Internet gehen, werden Roaminggebühren fällig, die es – abhängig vom jeweiligen Land – in sich haben können. Zumindest innerhalb der Europäischen Union gibt es diesbezüglich Höchstbeträge, und ab dem Sommer 2017 sollen Roaminggebühren innerhalb der Europäischen Union komplett entfallen, zumindest für 90 Tage pro Jahr. Besonders für die Internetnutzung im Ausland empfiehlt sich in jedem Fall eine Flatrate, wie sie inzwischen von den meisten Mobilfunkanbietern angeboten wird, etwa als Tages- oder Wochentarif. Fragen Sie Ihren Mobilfunkanbieter danach!

Auf Ihrem iPhone ist das Datenroaming standardmäßig deaktiviert. Um es zu aktivieren, entscheiden Sie sich in den *Einstellungen* für *Mobiles Netz* und aktivieren unter *Datenoptionen* die Option *Datenroaming*. Alles Weitere wird durch Ihren Mobilfunkvertrag geregelt.

**Datenroaming**

Schalte die mobilen Daten aus, damit sämtliche Daten wie E-Mail, Surfen im Internet und Push-Mitteilungen nur über WLAN übertragen werden.

Ach ja: Falls Sie in den *Einstellungen* unter *Netzbetreiber* einen bestimmten Netzbetreiber festgelegt haben, müssen Sie diese Einstellung für die iPhone-Nutzung im Ausland anpassen.

Die Alternative zur mobilen Datennutzung im Ausland ist die Verbindung mit einem WLAN. WLANs gibt es an Flughäfen, in Hotels, in bestimmten Fast-Food-Restaurants und an vielen weiteren Orten. Das Herstellen einer WLAN-Verbindung erfolgt auch im Ausland wie gewohnt in den *Einstellungen* unter *WLAN*.

## Ihr iPhone als WLAN-Hotspot einsetzen

Das iPhone kann selbst als Hotspot dienen, sofern Ihr Mobilfunkanbieter dies gestattet. So kommen Sie mit Ihrem Notebook unterwegs ins Internet, ohne auf weitere Anbieter angewiesen zu sein. So geht's:

**1**  Öffnen Sie die *Einstellungen* und tippen Sie auf *Persönlicher Hotspot*.

**2**  Aktivieren Sie den Schalter *Persönlicher Hotspot*. Ihnen wird ein automatisch generiertes WLAN-Passwort angezeigt, das Sie verwenden oder durch ein eigenes Passwort ersetzen können.

**3**  Wählen Sie das WLAN auf einem anderen Gerät aus und geben Sie das Passwort ein, um die Verbindung herzustellen.

Die Internetverbindung kann übrigens nicht nur in einem WLAN übertragen werden, sondern auch per Bluetooth oder über eine USB-Verbindung.

**Für die Verbindung mit dem Firmennetzwerk**

Mit Ihrem iPhone lässt sich auch eine Verbindung zu einem VPN – einem virtuellen privaten Netzwerk, etwa einem Firmennetzwerk – herstellen. Zu diesem Zweck wählen Sie in den *Einstellungen* den Eintrag *Allgemein* und tippen anschließend unten auf *VPN*. Entscheiden Sie sich für *VPN hinzufügen* und geben Sie die Zugangsdaten ein, die Sie vom Systemadministrator erhalten.

# Nützliche Funktionen fürs Surfen im Internet entdecken

Für das Surfen im Internet steht Ihnen auf dem iPhone die Browser-App *Safari* zur Verfügung. Diese App hat sich in den letzten Jahren immer mehr gemausert und wartet mit einer Menge nützlicher Funktionen auf. Die besten davon möchte ich Ihnen im Folgenden vorstellen.

### Suchen, was das Zeug hält

Das Suchfeld in Safari hat es buchstäblich in sich. Sie öffnen damit nicht nur Webadressen oder suchen mit der Suchmaschine, die Sie in den *Einstellungen* unter *Safari* festlegen, nach Webseiten zu bestimmten Themen. Sie können auch auf einer geöffneten Webseite sowie innerhalb eines kompletten Webauftritts suchen. Für die Suche auf der gerade geöffneten Webseite tippen Sie ganz normal Ihren Suchbe-

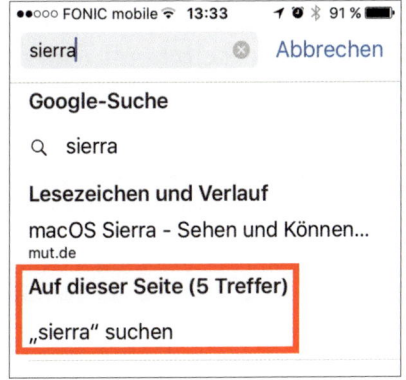

griff in das Suchfeld ein. Ihnen wird daraufhin die Websuche nach diesem Begriff angeboten, außerdem werden gegebenenfalls Lesezeichen und

Verlaufseinträge angezeigt, die den Begriff enthalten. Unterhalb dieser Liste finden Sie den Abschnitt *Auf dieser Seite*. Tippen Sie den Eintrag an, um auf der Webseite zu suchen. Bei mehreren Treffern wechseln Sie per Pfeilsymbol ∧ bzw. ∨ zwischen den Treffern.

Der Suche innerhalb eines kompletten Webauftritts dient die *Schnelle Website-Suche*, die ich in Kapitel 4 bereits kurz erwähnt habe. Wenn Sie im Hinblick auf den Datenschutz keine Bedenken haben, kann Ihnen diese Suchfunktion sehr nützlich sein.

Das Prinzip ist einfach: Wenn Sie die Suchfunktion auf einer Website nutzen, merkt sich Safari den Anbieter und gestattet es zukünftig, die Suche auf dieser Website mit einem Kurzbefehl durchzuführen.

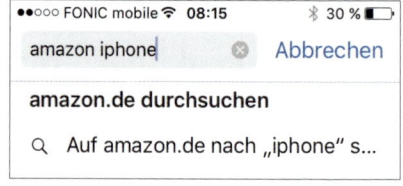

Dazu müssen Sie lediglich den Kurzbefehl eingeben (= Domain des Anbieters) und den Suchbegriff folgen lassen. Einen Überblick über die verfügbaren Kurzbefehle mitsamt der Möglichkeit, einzelne Kurzbefehle zu löschen, erhalten Sie in den *Einstellungen* unter *Safari* und dort unter *Schnelle Website-Suche*.

## Desktop-Webseiten mit dem Reader komfortabel lesen

Wenn gar keine mobile Version einer Website zur Verfügung steht, ist der in Safari eingebaute Reader extrem hilfreich. Dieser sorgt gleichzeitig dafür, dass störende Werbeeinblendungen von der Website verschwinden. Sogar die Schriftgröße lässt sich im Reader anpassen.

Um den Reader zu verwenden, rufen Sie einfach eine Webseite, beispielsweise einen Artikel in einer Zeitung, auf. Wenn eine Reader-Ansicht zur Verfügung steht, wird dies durch das Symbol ☰ oben im Suchfeld angezeigt. Tippen Sie das Symbol an, um den Reader zu starten, und auch, um diesen wieder zu beenden. Die Anpassung von Schriftgröße, Schriftart sowie Hintergrundfarbe nehmen Sie mit dem Symbol AA vor.

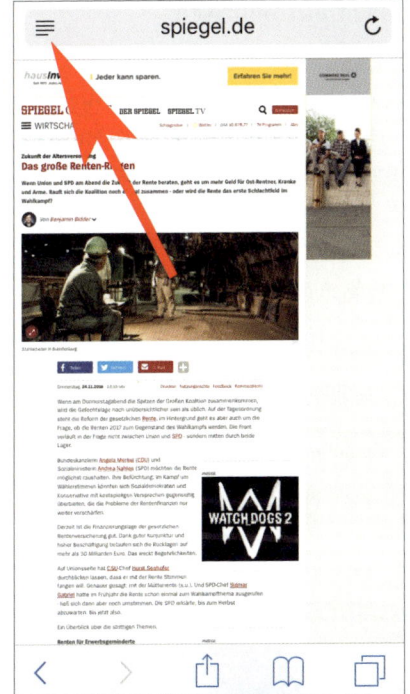
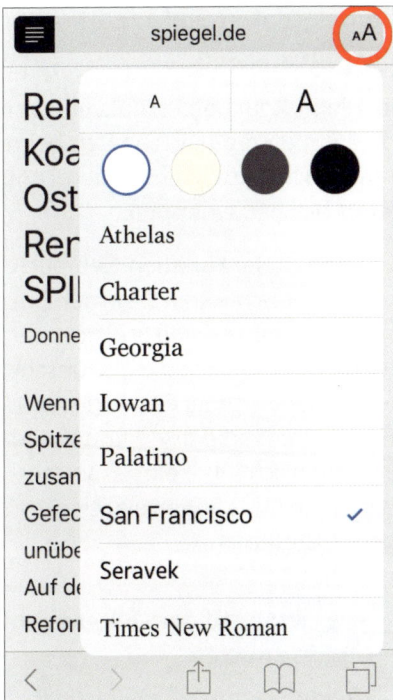

*Übersichtlich und werbefrei: Der Reader in der App Safari erleichtert das Lesen von Web-artikeln ungemein.*

## Die Desktop-Version einer Website anfordern

Sie möchten lieber die Desktop-Version einer gerade geöffneten mobilen Website betrachten? Dazu sind nur zwei Schritte erforderlich:

**1** Öffnen Sie eine mobile Website in der App *Safari*, tippen Sie rechts im Adressfeld auf das Symbol ↻ und halten Sie dieses gedrückt.

**2** Tippen Sie im sich unten öffnenden Menü auf *Desktop-Site anfordern*.

## Zugangsdaten und Kreditkartendaten automatisch ausfüllen lassen

Im Hinblick auf Datenschutz und Sicherheit ist das Speichern von Zugangsdaten und Kreditkartendaten beim Surfen im Internet nur begrenzt ratsam. Doch ist es sehr bequem, und man muss die Daten dadurch nicht jedes Mal neu eintippen.

Um von dieser Funktion Gebrauch zu machen, aktivieren Sie in den *Einstellungen* unter *Safari* und dort unter *Autom. ausfüllen* die gewünschten Optionen. Unter *Passwörter* bzw. *Gesicherte Kreditkarten* finden Sie eine Übersicht über die gespeicherten Daten und können einzelne Angaben entfernen.

**Ihre Daten mit dem iCloud-Schlüsselbund auch auf anderen Geräten nutzen**

Mithilfe der iCloud-Funktion *iCloud-Schlüsselbund*, die Sie in den *Einstellungen* unter *iCloud* und dort unter *Schlüsselbund* aktivieren, lassen sich Ihre Daten sogar mit anderen Apple-Geräten synchronisieren. Der iCloud-Schlüsselbund wird durch einen zusätzlichen Sicherheitscode geschützt. Die Nutzung des iCloud-Schlüsselbunds ist auch Voraussetzung für die Verwendung der mit iOS 10 eingeführten Home-App zur Steuerung kompatibler Hausgeräte.

## Webseiten zum späteren Lesen offline speichern

Wenn Sie unterwegs interessante Artikel lesen möchten, muss dies nicht zulasten Ihres Datenvolumens gehen. Speichern Sie die Artikel einfach zuvor in einer (Offline-)Leseliste ab.

Öffnen Sie dazu die Webseite und tippen Sie unten in Safari auf das Symbol ⬆. Entscheiden Sie sich für die Option *Zur Leseliste hinzufügen*.

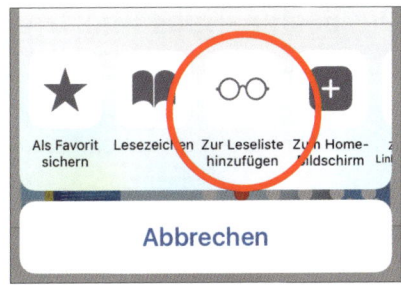

Um Ihre Leseliste aufzurufen, tippen Sie unten in Safari auf das Symbol 📖. Wählen Sie nun das Brillensymbol ∞, um einen gespeicherten Artikel auswählen zu können. Rechts unten finden Sie eine Option zum Umschalten zwischen allen Artikeln und den noch ungelesenen Artikeln.

## Häufig genutzte Webseiten auf den Home-Bildschirm legen

Wenn Sie eine Webseite häufiger öffnen, können Sie dies direkt vom Home-Bildschirm aus tun. Die Webseite wird dann beim Antippen des Symbols auf dem Home-Bildschirm in einem neuen Tab geöffnet. Zum Hinzufügen eines Symbols öffnen Sie die Webseite in Safari, tippen

auf das Symbol ⬆ und wählen die Option *Zum Home-Bildschirm*. Achten Sie anschließend auf eine kurze App-Bezeichnung, bevor Sie mit *Hinzufügen* bestätigen – zu lange Bezeichnungen werden automatisch gekürzt.

# Die besten Tipps und Tricks zum Thema Mail

Pfiffige Funktionen hat auch die App *Mail* zu bieten, die Sie auf dem iPhone zum Senden und Empfangen von E-Mails verwenden. Das Einrichten des E-Mail-Kontos erfolgt in den *Einstellungen* unter *Mail*.

Empfehlenswert kann aber auch das Aktivieren von iCloud-Mail sein (in den *Einstellungen* unter *iCloud*), da dieser kostenlose Dienst die Push-Benachrichtigung bei neu eingehenden E-Mails beinhaltet. Auf das iCloud-E-Mail-Konto kann dann von einem anderen E-Mail-Account weitergeleitet werden.

Hier die besten Tipps und Tricks zum Thema Mail im Überblick:

- Wenn Sie auf dem Sperrbildschirm über eine neue E-Mail informiert werden, können Sie diese direkt dort löschen. Tippen Sie die Vorschau dazu an und ziehen Sie den Finger nach links. Wählen Sie *Löschen*.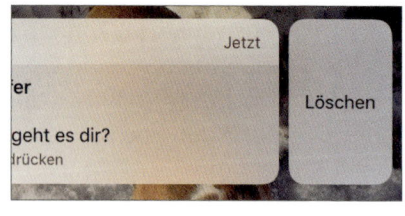

- Verwenden Sie für besonders wichtige Kontakte eine VIP-Liste. Die E-Mails Ihrer persönlichen VIPs werden dann in einem eigenen Postfach gesammelt, und in den *Einstellungen* unter *Mitteilungen* und dort unter *Mail* können Sie individuelle Mitteilungsoptionen für die VIPs festlegen. Zum  Hinzufügen eines VIPs streichen Sie in der App *Mail* zur Postfachliste. Tippen Sie auf *VIP* und wählen Sie *VIP hinzufügen*. Wählen Sie den VIP aus Ihren Kontakten aus und wiederholen Sie den Vorgang gegebenenfalls für weitere VIPs.

- Die Standardsignatur ändern: Standardmäßig wird an Ihre E-Mails die Signatur *Von meinem iPhone gesendet* gehängt. In den *Einstellungen* unter *Mail* und dort unter *Signatur* können Sie die Signatur entweder komplett löschen oder eine neue Signatur eingeben.

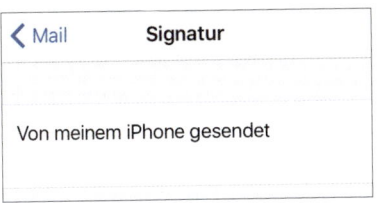

- Im Posteingang rufen Sie die verschiedenen Aktionen zu einer E-Mail schnell in einem Wischmenü auf: Tippen Sie auf die E-Mail und streichen Sie mit dem Finger nach links, um eine Option zum Löschen, zum Markieren etc. zu erhalten. Wenn Sie einfach nach links weiterwischen, wird die betreffende E-Mail gelöscht.

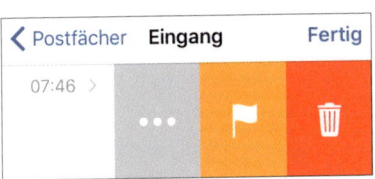

- Zum Durchsuchen Ihrer E-Mails ziehen Sie gegebenenfalls zunächst im Posteingang von oben nach unten, um das Suchfeld einzublenden. Geben Sie dann ein, wonach Sie suchen – es werden sowohl Inhalte als auch Personen gesucht. Übrigens können Sie auch mehrere Suchbegriffe miteinander verknüpfen.

- Ebenfalls praktisch ist die Filterfunktion, die der App *Mail* unter iOS 10 spendiert wurde. Tippen Sie links unten auf das Symbol ⬌, um den Filter ein- oder auszuschalten.

Standardmäßig erfolgt ein Filter nach ungelesenen E-Mails, Sie können den Filter aber auch antippen, um einen anderen Filter auszuwählen.

- Fotos oder Videos einfügen: Dazu tippen Sie im E-Mail-Formular auf die Stelle, an der das Foto oder

  ◄ | Zitatebene | Foto od. Video einfügen | ►

  Video eingefügt werden soll. Im Menü blättern Sie per Symbol ► zur Option *Foto od. Video einfügen* und tippen diese an, um anschließend die gewünschte Aufnahme aus der App *Fotos* auszuwählen.

- Dateianhang hinzufügen: Wenn Sie eine Datei in iCloud Drive gespeichert haben, können Sie diese

  ◄ | Anhang hinzufügen | Satz sprechen | ►

  einer E-Mail als Dateianhang hinzufügen. Dazu tippen Sie ebenfalls in das E-Mail-Formular und blättern im Menü per Symbol zur Option *Anhang hinzufügen*. Wählen Sie anschließend den Dateianhang in iCloud Drive aus.

# 9. Den Speicherdienst iCloud clever einsetzen

Einige Funktionen von Apples Onlinespeicherdienst iCloud haben Sie in diesem Buch bereits kennengelernt, beispielsweise die iCloud-Fotofreigabe.

In diesem Kapitel möchte ich zum Thema iCloud noch nachlegen, denn iCloud bietet noch weitere Funktionen – sei es zum Sichern Ihrer Daten, zum Datenaustausch mit anderen Geräten und Personen, zum Auffinden eines verloren geglaubten iPhones oder zur Nutzung der von Apple angebotenen Familienfreigabe. Die besten Tipps und Tricks dazu finden Sie in diesem Kapitel.

## Den iCloud-Speicher jederzeit im Griff

Leider stellte Apple bei Redaktionsschluss pro Apple-ID lediglich 5 GByte iCloud-Speicherplatz kostenlos zur Verfügung. Wenn Sie iCloud mit mehreren Apple-Geräten nutzen und Ihre Backups hochladen, ist dieser Speicherplatz unter Umständen schnell voll – und mehr Speicher kostet. Deshalb gilt es, von vornherein wichtige Tipps zu beachten.

Zunächst mal entscheiden Sie in den *Einstellungen* unter *iCloud*, welche iCloud-Funktionen Sie wirklich benötigen. Besonders beim Thema iCloud Drive und Hochladen von Aufnahmen sollten Sie, was den Speicherbedarf betrifft, auf der Hut sein. Tippen Sie auf den Eintrag *iCloud Drive* und legen Sie fest, ob Apps Daten in Ihren Cloud-Speicher laden dürfen oder nicht, und wenn ja, welche.

Unter *Fotos* bestimmen Sie, ob neue Fotos automatisch in den iCloud-Speicher geladen werden sollen (Option *Mein Fotostream*) oder ob Sie gar die ganze Fotomediathek in die Cloud laden möchten (Option *iCloud-Fotomediathek*).

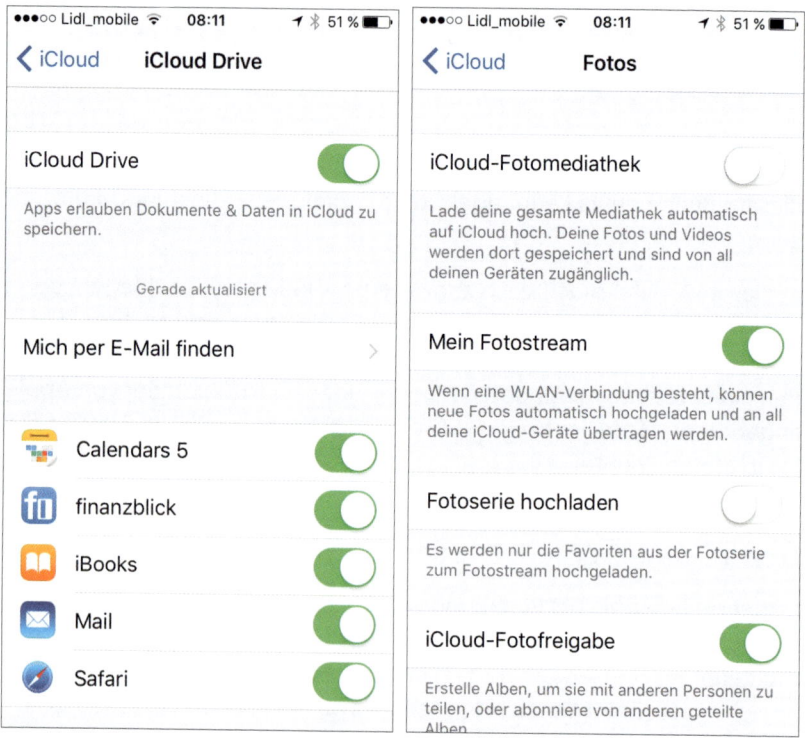

Die anderen Daten wie Kontakte, Kalender, Safari-Daten (Lesezeichen und iCloud-Tabs), Notizen und Co. nehmen nicht viel Speicherplatz in Anspruch, sodass Sie hier rein nach Bedarf entscheiden.

## Achtung: App-Inhalte können das iCloud-Backup aufblähen!

In einem iCloud-Backup – Sie aktivieren es in den *Einstellungen* unter *iCloud* und dort unter *Backup* – werden nicht nur Einstellungen, sondern auch Inhalte, die nach einer Wiederherstellung wieder zur Verfügung stehen sollen, festgelegt. Wenn Sie nun beispielsweise eine Video-App auf Ihrem iPhone installieren und einige Videos darin laden, kann dies dazu führen, dass der iCloud-Speicherplatz rasch belegt ist. Wählen Sie deshalb aus, welche Daten in das iCloud-Backup aufgenommen werden sollen, und zwar so:

**1** Öffnen Sie die *Einstellungen* und wählen Sie unter *Allgemein* den Eintrag *Speicher- & iCloud-Nutzung*.

**2** Im Abschnitt *iCloud* sehen Sie, wie viel iCloud-Speicherplatz noch zur Verfügung steht. Um die Einstellungen für das iCloud-Backup zu verändern, tippen Sie in diesem Abschnitt auf *Speicher verwalten*.

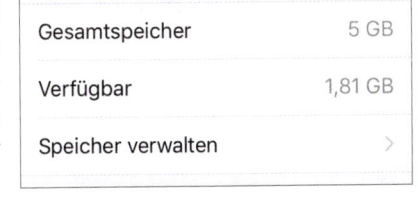

**3** Tippen Sie unter *Backups* auf das iCloud-Backup Ihres iPhones.

**4** Sie erhalten eine Übersicht über die Daten, die im iCloud-Backup gespeichert werden, und zwar sortiert nach der Speichergröße. Deaktivieren Sie den Schalter bei denjenigen Daten, die nicht gesichert werden müssen – etwa weil Sie Filme ohnehin schon auf dem PC gesichert haben.

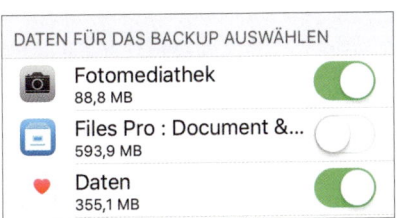

Ein iCloud-Backup wird übrigens nur durchgeführt, wenn Sie das iPhone ans Stromnetz angeschlossen haben und ein WLAN zur Verfügung steht. Nur am Anfang werden alle Daten hochgeladen, bei weiteren Backups lediglich die jeweiligen Änderungen.

## Dokumente im Internet gemeinsam bearbeiten

Auf einige der in iCloud gespeicherten Daten können Sie nicht nur mit einem Apple-Gerät zugreifen, sondern von überall her im Webbrowser.

Hierzu öffnen Sie die Webadresse www.icloud.com und melden sich dort mit Ihrer Apple-ID an. Ihnen stehen verschiedene Apps für den Zugriff auf die Daten zur Verfügung. Auch Webversionen der Apps *Pages*, *Numbers* und *Keynote* stehen bereit.

*Greifen Sie per Web-App auf Ihre iCloud-Daten zu.*

Mit den Web-Apps *Pages*, *Numbers* und *Keynote* können Sie nicht nur auf Dokumente etc. zugreifen, die Sie beispielsweise auf dem iPhone erstellt haben – die Dokumente lassen sich auch bearbeiten, es lassen sich neue Dokumente erstellen, und Sie können Dokumente für andere Personen für die gemeinsame Bearbeitung freigeben.

Um ein Dokument freizugeben, öffnen Sie dieses in der Web-App *Pages*, *Numbers* oder *Keynote*. Klicken Sie dann in der Leiste oben auf das Symbol und wählen Sie anschließend die gewünschten Freigabeoptionen aus.

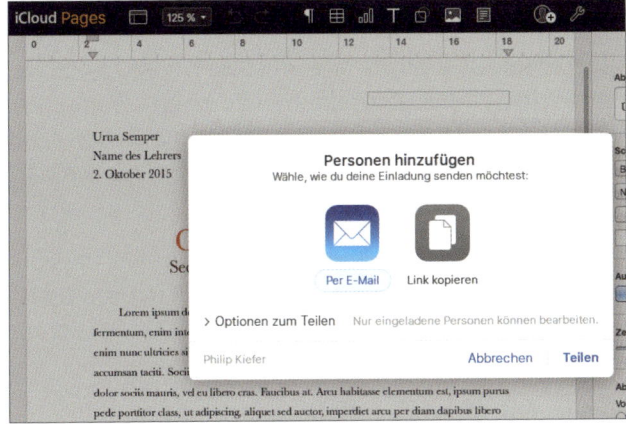

*Hier gebe ich ein Dokument in der Web-App Pages frei.*

## Dateien auf iCloud Drive speichern

Mit iCloud Drive steht Ihnen ein richtiger Cloud-Speicher zur Verfügung, auf den Sie außer direkt auf dem iPhone auch mit der Web-App

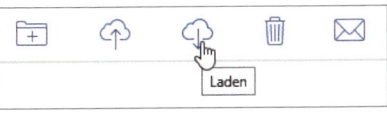

*iCloud Drive* zugreifen können. Klicken Sie auf das Symbol ⌃, um eine Datei im Webbrowser hochzuladen, bzw. auf das Symbol ⌄, um eine ausgewählte Datei herunterzuladen.

> **Dank iCloud für Windows auch mit einem Windows-PC synchronisieren**
>
> Die Web-Apps ermöglichen den Zugriff auf viele iCloud-Daten im Webbrowser. Auf einem Windows-PC können Sie zusätzlich iCloud für Windows installieren (Download unter der Webadresse https://support.apple.com/de-de/HT204283), um auch Ihren Fotostream zu synchronisieren, iCloud-Mail in Microsoft Outlook zu nutzen sowie Ihre Browser-Lesezeichen zu synchronisieren.

## Ihr verloren geglaubtes iPhone übers Internet orten

Was Sie ebenfalls auf der iCloud-Website finden, ist die Web-App *iPhone-Suche*. Diese erlaubt es, Ihr iPhone übers Internet zu orten – Voraussetzung ist lediglich, dass in den *Einstellungen* unter *iCloud* die Option *Mein iPhone suchen* aktiviert und das iPhone eingeschaltet ist. Natürlich darf es sich auch nicht im Flugmodus befinden.

Die Option *Mein iPhone suchen* bringt den zusätzlichen Vorteil, dass ein iPhone bei aktivierter Option nicht zurückgesetzt werden kann, ohne dass das zur Apple-ID gehörende Passwort eingegeben wird. Das schafft zusätzliche Sicherheit.

Zum Orten klicken Sie unter www.icloud.com auf die Web-App *iPhone-Suche*. Geben Sie erneut das zu Ihrer Apple-ID gehörende Passwort ein. Schon wird Ihnen das geortete iPhone – dargestellt durch das Symbol ● – auf einer Karte angezeigt. Bei mehreren Geräten wählen Sie das iPhone oben unter *Alle Geräte* aus.

Wenn Sie das Symbol ● anklicken und dann das Symbol ⓘ wählen, erhalten Sie Optionen, um auf dem iPhone einen Signalton abzuspielen, es aus der Ferne mit einer Code-Sperre zu versehen oder das iPhone im Notfall komplett zu löschen.

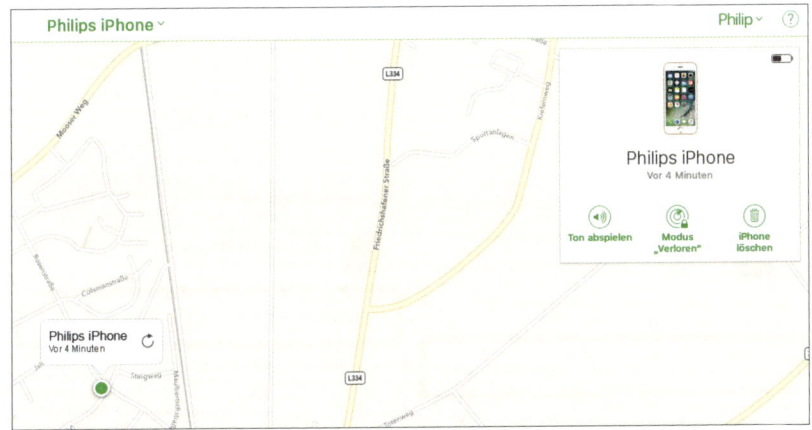

*Das iPhone lässt sich nicht nur übers Internet orten, sondern beispielsweise auch aus der Ferne mit einer Code-Sperre versehen.*

# Dank Familienfreigabe: Einkäufe gemeinsam nutzen

Unter Umständen viel Geld sparen lässt sich mit der Familienfreigabe. Diese ermöglicht es bis zu sechs Personen, auf die gleichen Einkäufe zuzugreifen. Voraussetzung ist allerdings, dass der »Organisator« seine Kreditkarte zur Verfügung stellt, über die alle Käufe abgewickelt werden – Kinder müssen Käufe aber erst von einem Erziehungsberechtigten autorisieren lassen.

Wenn Sie der Organisator einer Familienfreigabe sein möchten, fügen Sie zunächst in den *Einstellungen* unter *iTunes & App Store* eine Kreditkarte hinzu, indem Sie dort auf Ihre Apple-ID tippen, *Apple-ID anzeigen* wählen und sich nach der Eingabe des zu Ihrer Apple-ID gehörenden Passworts für den Eintrag *Zahlungsdaten* entscheiden. Anschließend lassen sich die Kreditkartendaten eingeben.

Um die Familienfreigabe zu konfigurieren, tippen Sie in den *Einstellungen* unter *iCloud* auf *Familienfreigabe einrichten*. Sie erhalten daraufhin zunächst eine ganze Reihe von Hinweisen zur Familienfreigabe. Dann machen Sie Angaben zu Ihrer eigenen Person und fügen weitere Familienmitglieder hinzu.

*Für die Familienfreigabe müssen Sie lediglich die Familienmitglieder einzeln hinzufügen und dabei den Anweisungen des Assistenten folgen.*

## Apple-ID für ein Kind erstellen

Bei einem Kind sollten Käufe in jedem Fall vorher von einem Erziehungsberechtigten bestätigt werden. Im Abschnitt *Gemeinsame Zahlungsmethode* klicken Sie deshalb auf den Link *Apple-ID für ein Kind erstellen*, um eine entsprechende Apple-ID anzulegen – wieder hilft Ihnen dabei ein Assistent.

Jetzt müssen Sie nur noch festlegen, wer einem Kind Käufe genehmigen darf. Tippen Sie dazu ein Familienmitglied in der Übersicht an und aktivieren Sie den Schalter *Elternteil/ Erziehungsberechtigter.*

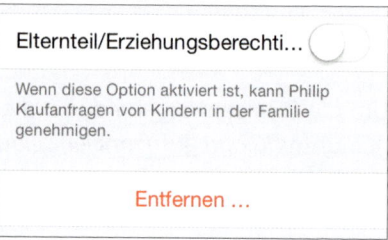

## Sie benötigen mehr iCloud-Speicherplatz

Wenn der iCloud-Speicherplatz langsam knapp wird, erhalten Sie automatisch einen Hinweis aufs iPhone. Sie können sich dann überlegen, ob Sie Daten aus dem iCloud-Speicher löschen möchten oder lieber den Speicher erweitern. Letzteres erfolgt per Abo. Tippen Sie dazu in den *Einstellungen* unter *iCloud* auf *Speicher* und wählen Sie *Mehr Speicher kaufen*. Legen Sie anschließend eine Abo-Variante fest

| | | |
|---|---|---|
| 50GB | 0,99 € pro Monat | ✓ |
| 200GB | 2,99 € pro Monat | |
| 1TB | 9,99 € pro Monat | |
| 2TB | 19,99 € pro Monat | |

und bestätigen Sie mit *Kaufen*. Das Abo kann jeweils zum Monatsende wieder beendet werden, allerdings ist hierbei zu bedenken, dass zunächst wieder der belegte Speicherplatz freigeschaufelt werden muss.

# 10. Tolle Tipps und Tricks zu weiteren Standardfunktionen und Apps

Im letzten Kapitel dieses Buches habe ich noch viele weitere tolle Tipps und Tricks für Sie gesammelt, die sowohl die Standardfunktionen als auch die Standard-Apps auf Ihrem iPhone betreffen. Lernen Sie etwa mit der Health-App richtig umzugehen, lernen Sie wichtige Funktionen der App *Karten* kennen, versehen Sie Ihre Kontakte mit hilfreichen Etiketten, sorgen Sie dafür, dass der Fingerabdrucksensor besser reagiert, beseitigen Sie störende Kennzeichenzähler und vieles mehr.

## Die App Health richtig nutzen

Health ist das englische Wort für Gesundheit. Und tatsächlich dient die App *Health*, die unter iOS 10 deutlich aufgemöbelt wurde, dazu, Gesundheitsdaten aller Art zu verwalten. Diese Daten können automatisch von anderen Gesundheits-Apps übernommen werden, etwa einer Jogging-App oder einer Gewichts-App, Sie können die Daten aber auch selbst eintragen. Das geht ganz einfach:

**1** Öffnen Sie die App *Health* und tippen Sie gegebenenfalls zunächst unten auf *Daten*. Wählen Sie anschließend eine Kategorie aus, in der Sie Messwerte hinzufügen möchten, hier wähle ich z. B. *Vitalzeichen*.

**2** In diesem Fall möchte ich die Werte einer Blutdruckmessung hinzufügen und tippe deshalb anschließend auf den Eintrag *Blutdruck*.

**3** Um das Ergebnis der Messung einzutragen, tippen Sie rechts oben auf das Plussymbol ﹢.

**4** Geben Sie anschließend die Messwerte ein und bestätigen Sie mit *Hinzufügen*.

**5** Ihnen wird eine grafische Darstellung der Messwerte angezeigt, wobei Sie die Ansicht zwischen *Tag*, *Woche*, *Monat* und *Jahr* wechseln können.

Einen Überblick über die Gesundheits-Apps, die Sie auf dem iPhone installiert haben und aus denen die App *Health* Daten übernehmen

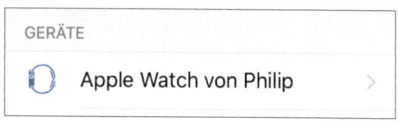

kann, erhalten Sie, wenn Sie unten in der App *Health* auf *Quellen* tippen. Dort werden auch eventuell verfügbare Geräte wie die Apple Watch aufgeführt.

## Für Ausnahmesituationen einen Notfallpass einrichten

In der App *Health* erfassen Sie nicht nur Ihre Gesundheitsdaten, sondern Sie erstellen auch einen Notfallpass, auf den in einer Ausnahmesituation vom Sperrbildschirm aus zugegriffen werden kann.

Im Notfallpass teilen Sie Ihren Rettern mit, wer im Notfall informiert werden soll, ob Sie Organspender sind oder nicht, welche Blutgruppe Sie haben etc.

Öffnen Sie hierzu die App *Health*, tippen Sie rechts unten auf *Notfallpass* und dann auf *Notfallpass erstellen*. Machen Sie Ihre Angaben und bestätigen Sie zum Schluss mit *Fertig*.

Der Zugriff im Sperrbildschirm erfolgt – sofern Sie diese Option im Notfallpass nicht deaktivieren –, indem links unten auf dem Sperrbildschirm auf *Notfall* getippt wird. Anschließend wird, wiederum links unten, der Hinweis *Notfallpass* angetippt, um diesen aufzurufen – die Vorgehensweise wird sich bei Ersthelfern sicherlich schnell herumsprechen.

## Die besten Funktionen der App Karten ausschöpfen

Der App *Karten* wurde unter iOS 10 ein neues Erscheinungsbild verpasst, und es wurden einige neue Funktionen hinzugefügt. Auf den nächsten Seiten lernen Sie die besten Funktionen der App kennen – egal, ob Sie diese für die Navigation unterwegs nutzen möchten oder einfach für eine kleine Weltreise vom Wohnzimmer aus.

### Mit Flyover viele Städte der Welt besichtigen

Lernen Sie zunächst die Flyover-Funktion kennen, die ein richtiggehendes Sightseeing vom iPhone aus ermöglicht – wenn auch nicht an allen Orten der Welt. Unter der Webadresse www.apple.com/de/ios/feature-availability finden Sie eine Liste von Orten, die die Funktion bieten. Auch einige deutsche Städte sind mit dabei. Dazu muss in der App *Karten* lediglich der Ort gesucht und dann auf die Schaltfläche *Flyover-Tour* getippt werden.

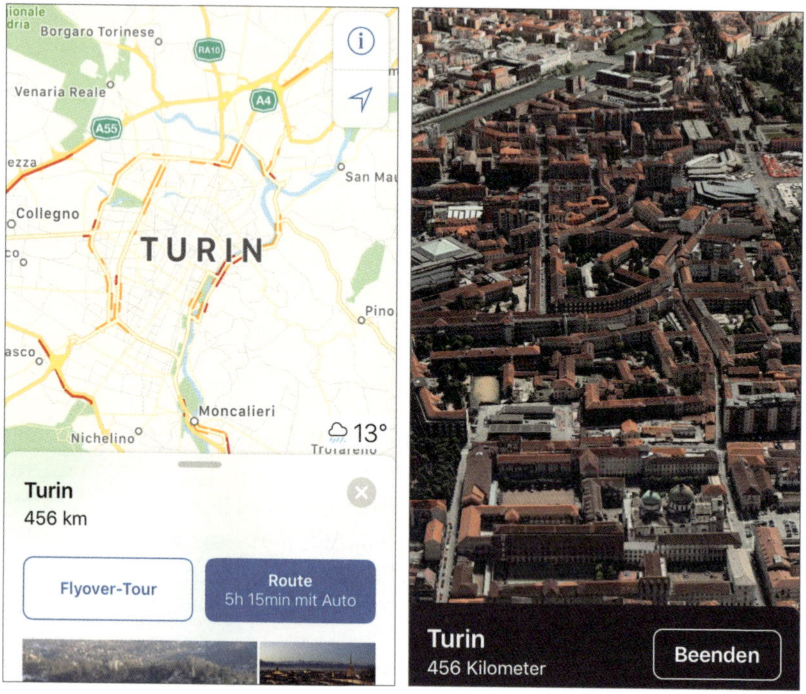

*Sightseeing aus der Luft: eine Flyover-Tour über Turin.*

## Die Ansichtsoptionen der App Karten im Griff

Auch dann, wenn kein Flyover-Modus für einen Ort zur Verfügung steht, können Sie mit der App *Karten* auf Sightseeingtour gehen. Tippen Sie rechts oben in der Karten-App auf das Symbol ⓘ, um von der Standardansicht zur Satellitenansicht zu wechseln oder den öffentlichen Nahverkehr (*ÖPNV*)

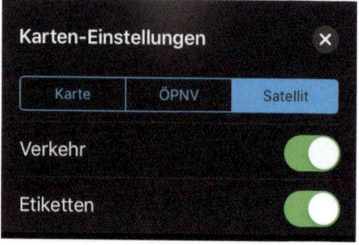

einzublenden. Unter dem gleichen Symbol können außerdem Verkehrshinweise sowie Etiketten ein- und auch wieder ausgeblendet werden.

Durch Auseinander- bzw. Zueinander-bewegen von Daumen und Zeigefinger auf dem Display zoomen Sie die Ansicht heran bzw. heraus. Das Heranzoomen kann alternativ durch Doppeltippen mit einem Finger erfolgen und das Herauszoomen durch Doppeltippen mit zwei Fingern.

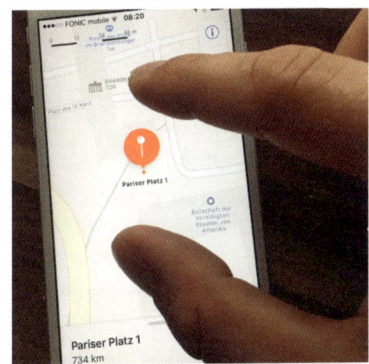

Um eine 2D-Karte in eine 3D-Karte zu verwandeln, streichen Sie mit zwei Fingern – normalerweise Zeigefinger und Mittelfinger – von unten nach oben. Um wieder die 2D-Karte zu erhalten, streichen Sie mit zwei Fingern von oben nach unten.

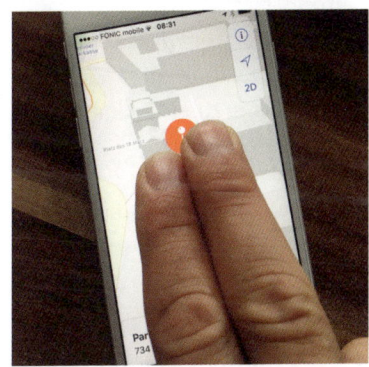

Die Ansicht in der App *Karten* ist grundsätzlich nach Norden ausgerichtet. Das lässt sich aber ändern, indem Sie einfach auf dem Display eine Drehbewegung mit Daumen und Zeigefinger vollführen, entweder im oder gegen den Uhrzeigersinn. Um wieder die Ausrichtung nach Norden zu erhalten, tippen Sie auf das eingeblendete Kompass-Symbol .

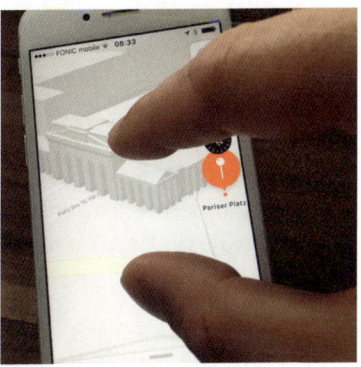

> **Museumsansichten bei Google aufrufen**
>
> Ebenfalls mehr als einen Besuch wert ist Google Arts & Culture, das
> es Ihnen ermöglicht, auf dem iPhone berühmte Museen der Welt zu
> durchschreiten. Laden Sie dazu die kostenlose App *Google Arts & Cul-*
> *ture* aus dem App Store.

## Mit dem iPhone zu Ihren Zielorten navigieren

Das iPhone kann auch als vollwertiges Navigationssystem eingesetzt
werden. Natürlich gelingt dies am besten mit den kostenpflichtigen Apps
großer Anbieter wie beispielsweise TomTom oder Navigon. Dank Internetverbindung kann aber auch die App *Karten* für die Navigation verwendet
werden. Hierzu eine kleine Anleitung:

**1** Suchen Sie in der App *Karten* nach einer Adresse oder einem Geschäft.

**2** Nachdem die Karte geladen wurde, tippen Sie auf die Schaltfläche
*Route.*

**3** Im nächsten Schritt wählen Sie aus, ob Sie mit einem Fahrzeug, zu Fuß
oder mit öffentlichen Verkehrsmitteln unterwegs sind. Auf der Karte
werden Ihnen eine oder mehrere Routen angezeigt – in letzterem Fall
wählen Sie die gewünschte Route aus. Wenn Sie die Routeninfo anklicken, wird Ihnen die Route in einer Listenform angezeigt.

**4** Tippen Sie nun auf *Los,* um sich zu Ihrem Ziel navigieren zu lassen. Auf
längeren Autobahnfahrten schalten Sie das Display am besten aus, um

den iPhone-Akku zu schonen; die Navigationsführung wird auch auf dem Sperrbildschirm angezeigt.

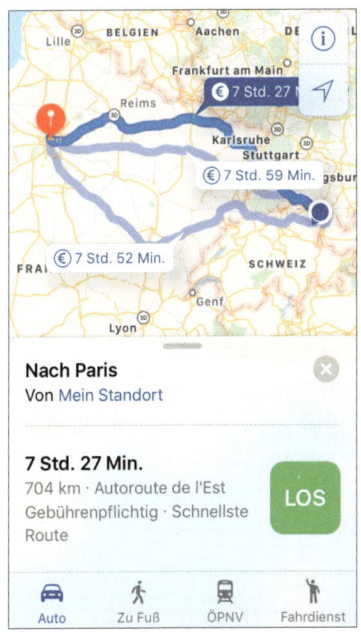

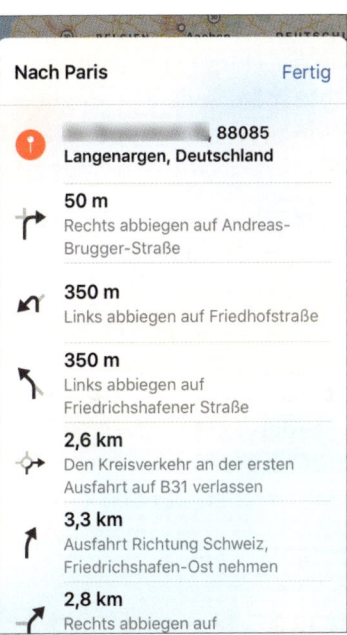

## Navigationsoptionen aufrufen

Während der Navigation können Sie jederzeit die Navigationsoptionen von unten aufs Display streichen. In den Navigationsoptionen erhalten Sie unter anderem die Möglichkeit, die Lautstärke der Navigationsstimme anzupassen. Sie können sich aber beispielsweise auch Tankstellen oder Cafés auf Ihrer Route empfehlen lassen – ebenfalls eines der vielen kleinen, aber feinen neuen Features unter iOS 10.

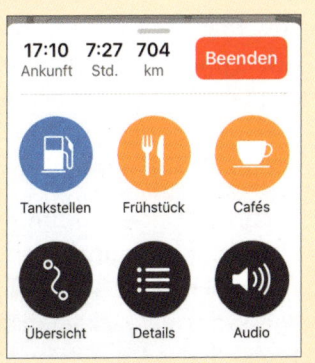

### Mit einer Stecknadel jederzeit zum Auto zurückfinden

In der App *Karten* lassen sich – in den Infos zu
einem aufgerufenen Ort, die Sie von unten aufs
Display streichen – Orte als Favoriten sichern,

um diese später jederzeit erneut aufrufen zu können. Um Zugriff auf die
Favoriten zu erhalten, tippen Sie in das Suchfeld und wählen dann unterhalb der Verlaufsliste den Eintrag *Favoriten*.

Wenn Sie gerade in einer fremden Stadt sind
und lediglich den Standort Ihres Autos markieren möchten, setzen Sie hingegen eine »Stecknadel«. Rufen Sie gegebenenfalls zunächst mit
dem Symbol ⌜✈⌟ den eigenen Standort auf. Hal-

ten Sie dann auf der Karte die Stelle gedrückt, an der die Stecknadel erstellt werden soll. Die Stecknadel wird prompt eingefügt. Die Navigation
zur Stecknadel erfolgt wie zuvor beschrieben. Um die Stecknadel später
wieder zu löschen, tippen Sie den zugehörigen Eintrag an, wählen *Standort bearbeiten* und dann *Marker entfernen*.

## Kontakte, Termine und Erinnerungen perfekt verwalten

Das iPhone ist nicht nur ein idealer Reisebegleiter, sondern auch der per-
fekte Organizer. Lassen Sie mich Ihnen auf den nächsten Seiten einige besonders praktische Tipps vorstellen, die Ihnen beim Verwalten Ihrer Kontakte, Termine und Erinnerungen dienlich sein werden.

### Die eigene Rufnummer ermitteln

Da man die eigene Rufnummer im
Normalfall nicht anruft, vergisst man
sie schnell mal. Falls Sie die Nummer
vergessen haben, schlagen Sie auf die
Schnelle in der App *Telefon* nach.

Wenn Sie dort unten *Kontakte* wählen, wird Ihnen die Rufnummer oberhalb der Kontaktliste angezeigt.

## Beziehungen definieren

Wenn Sie Siri verwenden, kann es sich anbieten, dem iPhone mitzuteilen, welcher Ihrer Kontakte in welcher Form mit Ihnen verwandt ist. Sie brauchen Siri dann beispielsweise nicht mehr den Befehl »Ruf Margot Mustermann an« zu geben, sondern Sie sagen schlicht: »Ruf meine Schwester an«. Hierzu gehen Sie wie folgt vor:

**1** Öffnen Sie die App *Telefon* und wählen Sie *Kontakte* (bzw. öffnen Sie alternativ die App *Kontakte*).

**2** Tippen Sie Ihren eigenen Namen an und entscheiden Sie sich rechts oben für *Bearbeiten*.

**3** Streichen Sie nach unten und wählen Sie *Zugehörigen Namen hinzufügen*.

**4** Tippen Sie auf das blaue Etikett und legen Sie fest, welche Beziehung Sie bestimmen möchten (Mutter, Vater, Partner, Vorgesetzter etc.).

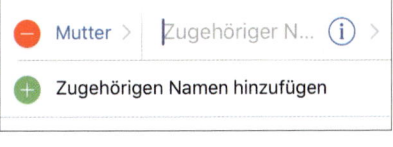

**5** Tippen Sie schließlich auf das Symbol ⓘ, um die entsprechende Person aus Ihren Kontakten auszuwählen. Bestätigen Sie mit *Fertig*.

---

**Auch Spitznamen lassen sich hinzufügen**

Sie können bei einem Kontakt auch einen Spitznamen angeben. Dazu wählen Sie unter *Bearbeiten* die Option *Feld hinzufügen* und tippen auf *Spitzname*. Anschließend brauchen Sie das hinzugefügte Feld nur auszufüllen.

---

## Doppelte Kontakte verknüpfen

Gerade bei der Synchronisierung mit unterschiedlichen Quellen kann es schnell passieren, dass ein Kontakt doppelt vorliegt. Um zwei Kontakte zusammenzuführen, werden diese auf dem iPhone verknüpft.

Tippen Sie bei einem Kontakt dazu wiederum auf *Bearbeiten* und streichen Sie ganz nach unten. Wählen Sie *Kontakte verknüpfen*, und suchen Sie anschließend den zu verknüpfenden Kontakt aus Ihren Kontakten aus.

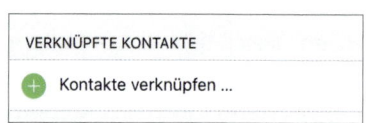

## Sortier- und Anzeigereihenfolge in Einklang bringen

Standardmäßig werden die Kontakte auf dem iPhone nach Nachnamen sortiert, jedoch nach Vornamen angezeigt. Sicher bin ich nicht der Einzige, den das irritiert.

Die Anzeigereihenfolge lässt sich ganz leicht der Sortierreihenfolge anpassen. Entscheiden Sie sich dazu in den *Einstellungen* für *Kontakte*. Tippen Sie dort auf den Eintrag *Anzeigefolge*. Wählen Sie die Anzeigefolge *Nach-, Vorname*.

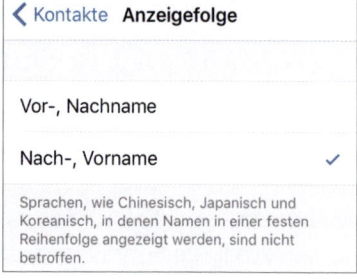

## Einen Kontakt den Favoriten hinzufügen

Häufig verwendete Kontakte bzw. Rufnummern fügen Sie Ihren Favoriten hinzu, um schneller darauf zugreifen zu können – insbesondere in der App *Telefon* unter *Favoriten*. Das Hinzufügen ist eine Sache weniger Handgriffe:

**1** Rufen Sie einen Kontakt in der App *Telefon* bzw. in der App *Kontakte* auf.

**2** Tippen Sie unterhalb der Kontakt-
daten auf die Option *Zu Favoriten*.

**3** Wählen Sie im sich öffnenden Menü
aus, welche Rufnummer den Favoriten hinzugefügt werden soll.

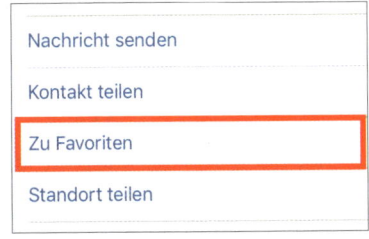

**4** Schon steht der Favorit für den
schnellen Zugriff zur Verfügung,
hier etwa in der App *Telefon*.

Möchten Sie einen Favoriten wieder
entfernen? Dies erfolgt in der App
*Telefon* unter *Favoriten*. Tippen Sie auf
*Bearbeiten* und wählen Sie beim Favoriten das Symbol ⊖.

## Anderweitig verfügbare Kontakte aufs iPhone bringen

Unter Umständen haben Sie schon auf einem anderen Gerät viele Kontakte angelegt und möchten diese nun nicht noch mal mühsam eintippen.
Dies sind Ihre Optionen, bereits bestehende Kontakte zu übernehmen:

- Nutzen Sie für die Synchronisierung iTunes auf dem PC oder eine Soft-
warealternative wie beispielsweise CopyTrans Contacts; das Programm
kostete allerdings bei Redaktionsschluss 14,99 Euro, Download unter
www.copytrans.de.

- Sie können auch bestimmte Anbieter, bei denen Sie Ihre Kontakte erstellt haben, auf dem iPhone
einrichten. Verwenden Sie etwa
ein Outlook.com-Konto, fügen Sie
diesen Anbieter in den *Einstellungen* unter *Kontakte* und dort unter
*Accounts* hinzu. Auch die auf diese Weise synchronisierten Kontak-

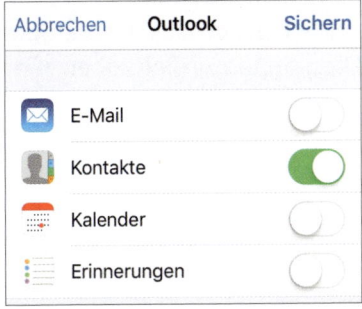

te stehen anschließend in der App *Telefon* unter *Kontakte* bzw. in der App *Kontakte* zur Verfügung.

- Einzelne Kontakte lassen sich im vCard-Format (*.vcf*) importieren. Wenn Sie eine vCard per E-Mail erhalten (Sie können sich natürlich auch selbst Kontakte vom PC aus zusenden), finden Sie in der geöffneten Visitenkarte die Optionen *Neuen Kontakt erstellen* bzw. *Zu Kontakt hinzufügen*.

- Sofern Sie noch Kontakte auf der SIM-Karte gespeichert haben sollten, entscheiden Sie sich in den *Einstellungen* für *Kontakte*. Wählen Sie ganz unten *SIM-Kontakte importieren*.

---

**Visitenkarte erhalten? Scannen Sie die Daten ein**

Selbst Daten von Visitenkarten aus Papier lassen sich in Ihre iPhone-Kontakte übernehmen, indem Sie die Visitenkarten mit einer entsprechenden App einscannen. Ein Beispiel für eine solche App ist *Visitenkarten Scanner*, die in der Light-Version immerhin drei Visitenkarten pro Woche kostenlos einscannt.

---

## Unterschiedliche Kontaktquellen verwalten

Wenn Sie auf Ihrem iPhone mehrere Kontaktquellen nutzen, lassen sich einzelne Quellen aus- und einblenden. Dazu tippen Sie links oben in der App *Telefon* unter *Kontakte* bzw. in der App *Kontakte* auf *Gruppen*. Ihnen werden die verfügbaren Kontaktquellen aufgelistet, und Sie können diese durch Antippen ausblenden bzw. wieder einblenden.

## Twitter- und Facebook-Kontakte übernehmen

Auf Ihrem iPhone stehen Funktionen unter anderem für Twitter und Facebook bereits zur Verfügung, sofern Sie sich in den *Einstellungen* unter *Twitter* bzw. *Facebook* für diese sozialen Netzwerke anmelden. Das bringt den Vor-

> **Kontakte aktualisieren**
>
> Twitter verwendet E-Mail-Adressen und Telefonnummern deiner Kontakte, um Twitter-Benutzernamen und Fotos zu deinen Kontaktkarten hinzuzufügen.

teil, dass Sie beispielsweise mit Siri Beiträge posten können. Sie können aber auch Twitter- und Facebook-Kontakte auf dem iPhone übernehmen. Dazu tippen Sie in den entsprechenden Einstellungen nach der Anmeldung auf die jeweilige *Kontakte aktualisieren*-Schaltfläche.

## Rufnummer auf einer Webseite wählen

Falls Sie beim Surfen im Internet auf eine Hotline stoßen, die Sie anrufen möchten: Tippen Sie die Rufnummer an und halten Sie sie gedrückt. Es öffnet sich ein Menü, in dem Sie eine Anrufoption sowie weitere Optionen erhalten – etwa das Hinzufügen zu Ihren Kontakten.

*Eine auf einer Webseite gefundene Rufnummer wählen – dies gelingt durch Gedrückthalten und entsprechende Menüwahl.*

## Termine noch schneller erstellen

Um einen Termin in der App *Kalender* superschnell zu erstellen, halten Sie einfach ein Kalenderfeld gedrückt. Anschließend geben Sie die Details zum Termin an. Ein Termin lässt sich mit dem Finger auch an eine andere Position ziehen.

## Wegzeit berücksichtigen

Sie können zu einem Termin auch die
Wegzeit angeben, um in den Termin-
erinnerungen einen entsprechenden
Hinweis zu erhalten. Aktivieren Sie dazu
in den Details zum Termin unter *Wegzeit*
die gleichlautende Option und wählen
Sie die passende Wegzeit aus. Bei der
Wegzeit kann übrigens auch die aktuelle Verkehrslage berücksichtigt werden.

## Standardhinweise festlegen

Damit Sie bei neuen Terminen nicht jedes Mal extra eine Erinnerung
festlegen müssen, richten Sie einen Standardhinweis ein, der Ihren neu-
en Terminen automatisch hinzugefügt wird. Öffnen Sie dazu die iPhone-
Einstellungen und wählen Sie *Kalender*. Im Abschnitt *Kalender* tippen Sie
anschließend auf *Standardhinweise* und machen Ihre Angaben.

## Standardkalender auswählen

Wenn Sie mehrere Kalender verwalten,
entscheiden Sie sich unter *Kalender/
Standardkalender* für denjenigen Kalender, in dem die Termine standardmäßig erstellt werden sollen.

## Kalenderwochen einblenden

Besonders für die Arbeitsplanung wichtig: Kalenderwochen. Diese lassen sich
in der App *Kalender* einblenden. Aktivieren Sie dazu in den iPhone-Einstellungen unter *Kalender* die Option
*Kalenderwochen*.

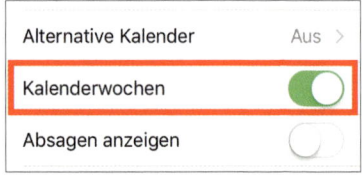

## Feste Zeitzone nutzen

Das kann auf Reisen nützlich sein: Aktivieren Sie im Abschnitt *Kalender* unter *Feste Zeitzone* die gleichlautende Option, um zu verhindern, dass die erstellten Termine automatisch der jeweils aktuellen Zeitzone angepasst werden.

## iCloud-Kalender für andere Personen freigeben

Wenn Sie iCloud auch für die Verwaltung Ihrer Kalender nutzen, lassen sich einzelne Kalender auf einfache Weise freigeben:

**1** Öffnen Sie die App *Kalender* und tippen Sie unten auf *Kalender*, um eine Übersicht über die verfügbaren Kalender zu erhalten.

**2** Beim Kalender, den Sie freigeben möchten, tippen Sie auf das Symbol ⓘ.

**3** Tippen Sie nun auf *Person hinzufügen*, um den Kalender für eine oder mehrere Personen freizugeben.

Wenn Sie Ihrerseits Freigaben erhalten, finden Sie diese in der App *Kalender*, indem Sie rechts unten auf *Eingang* tippen.

## Kalender aus dem Internet abonnieren

Es lassen sich auch Kalender aus dem Internet abonnieren, die im gängigen iCalendar-Format (*.ics*) vorliegen. Dazu benötigen Sie zunächst mal die Kalenderadresse. Suchen Sie bei Google beispielsweise nach *bundesliga ics* oder *schulferien ics*, um entsprechende Ka-

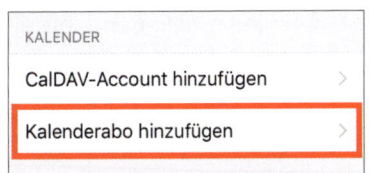

lender schnell aufzuspüren. Oftmals können Sie diese Kalender, auf dem iPhone aufgerufen, direkt per Link öffnen und abonnieren. Ansonsten tragen Sie die Kalenderadresse in den *Einstellungen* unter *Kalender* ein, indem Sie *Account hinzufügen/Andere* und dann *Kalenderabo hinzufügen* wählen.

## Ortsabhängige Erinnerungen erhalten

Lassen Sie sich an einen wichtigen Einkauf erinnern, wenn Sie sich in der Nähe des Supermarkts aufhalten, oder lassen Sie sich daran erinnern, die Briefe mitzunehmen, wenn Sie das Haus verlassen. Das iPhone, genauer gesagt die App *Erinnerungen* macht solche ortsabhängigen Erinnerungen zum Kinderspiel. Zum Erstellen einer solchen Erinnerung gehen Sie folgendermaßen vor:

**1** Öffnen Sie die App *Erinnerungen*. Wählen Sie die Liste aus, in der Sie Ihre Aufgabe anlegen möchten, und geben Sie diese in die Liste ein.

**2** Tippen Sie beim erstellten Eintrag auf das Symbol ⓘ.

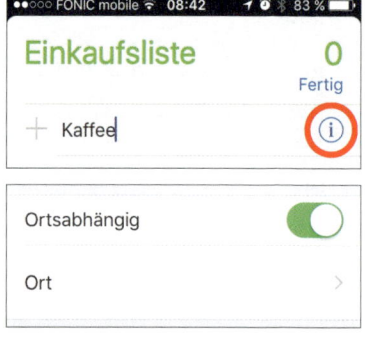

**3** Aktivieren Sie die Option *Ortsabhängig* und tippen Sie anschließend auf *Ort*.

**4** Suchen Sie nach der Adresse bzw. der Örtlichkeit und wählen Sie diese durch Antippen aus. Entscheiden Sie anschließend, ob die Erinnerung beim Verlassen des Ortes oder bei der Ankunft am Ort erfolgen soll. Bestätigen Sie zum Schluss mit *Fertig*.

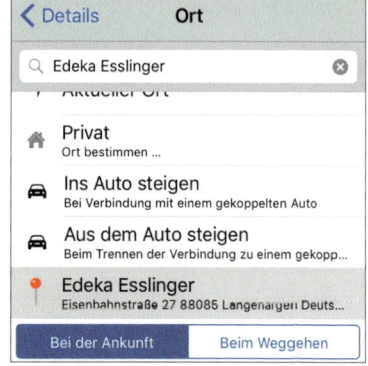

## Tagesabhängige Erinnerungen im schnellen Überblick

Genauso lassen sich Erinnerungen auch mit einem Termin versehen: Aktivieren Sie in den *Details*, die Sie unter dem Symbol ⓘ aufrufen, die Option *Tagesabhängig* und geben Sie Datum sowie Uhrzeit an. Die mit

Datum und Uhrzeit versehenen Erinnerungen können Sie sich in der App *Erinnerungen* in der Liste *Planmäßig* anzeigen lassen.

## Schlafenszeit festlegen

Wer sein iPhone regelmäßig als Wecker einsetzt, wird sich vielleicht über die mit iOS 10 neu eingeführte Funktion *Schlafenszeit* freuen, die Sie in der App *Uhr* finden.

*Mit der Funktion »Schlafenszeit« bietet iOS eine gute Alternative zum herkömmlichen Wecker.*

Tippen Sie in dieser App unten auf die Rubrik *Schlafenszeit*, um Ihre indivi-
duellen Einstellungen dazu vorzunehmen: Bestimmen Sie also insbesondere, wie lange Sie jeden Tag schlafen möchten und wann Sie aufstehen
müssen. Wählen Sie außerdem einen ansprechenden Weckton aus, etwa
den Weckton *Vogelgesang*. Wenn Sie später zu Bett gehen, brauchen Sie
bloß »am Rad zu drehen«, um eine neue Ihrem Schlafbedürfnis entsprechende Weckzeit einzustellen.

## Nachrichten mit der News-App personalisieren

Wenn Sie zur Suchseite links neben dem Home-Bildschirm streichen, wird
Ihnen unter anderem auch eine News-Auswahl angezeigt. 2015 wurde
außerdem eine News-App eingeführt, die das Personalisieren von Nachrichten aus unterschiedlichen News-Quellen ermöglicht. Diese stand bei
Redaktionsschluss hierzulande immer noch nicht zur Verfügung.

Die App *News* lässt sich aber schon jetzt auf dem iPhone testen. Dazu wählen Sie in den *Einstellungen* den Eintrag *Allgemein* und dann *Sprache & Region*. Stellen Sie die Region auf *Vereinigte Staaten* um und starten Sie das iPhone neu. Anschließend steht die App *News* auf dem Home-Bildschirm zur Verfügung – wenn auch mit englischsprachigen Nachrichten. Um nach Themen zu suchen und diese Ihren personalisierten Nachrichten hinzuzufügen, verwenden Sie die in die App eingebaute Suchfunktion.

## Störende Symbole und Mitteilungen beseitigen

Das iPhone benachrichtigt Sie auf ganz unterschiedliche Weise über anstehende Termine, neu eingegangene Nachrichten und E-Mails, verfügbare Aktualisierungen etc. Bevor Sie das Mitteilungsverhalten Ihres iPhones gleich individuell konfigurieren, lernen Sie zunächst die verschiedenen Mitteilungsvarianten kennen:

- Hinweise auf dem Sperrbildschirm: Sofern Sie Mitteilungen nicht, wie in Kapitel 4 beschrieben, für den Sperrbildschirm deaktiviert haben, werden Ihnen auch dort Hinweise verschiedener Apps angezeigt.

- Hinweise auf dem Home-Bildschirm: Sie erhalten Hinweise auf dem Home-Bildschirm, die entweder nur kurz eingeblendet werden (Option *Banner*) oder aber so lange, bis Sie eine Aktion auswählen.

- Kennzeichenzähler auf dem Home-Bildschirm: Zahlreiche Apps geben Kennzeichenzähler aus. So bezeichnet man die kleinen Nummernsymbole, die direkt auf dem App-Symbol dargestellt werden und beispielsweise über verfügbare Aktualisierungen, neue E-Mails oder entgangene Anrufe informieren.

- Mitteilungszentrale: Schließlich lässt sich vom oberen Display-Rand die Mitteilungszentrale aufs Display streichen. Hier erhalten Sie einen Überblick über neue Mitteilungen, durch unterschiedliche Widgets aber auch über anstehende Termine, das aktuelle Wetter etc. Sie wechseln die Seiten der Mitteilungszentrale durch horizontales Streichen.

**Widgets anpassen**

Die Mitteilungszentrale lässt sich individuell einrichten. Um eine Mitteilung aus der Mitteilungszentrale zu entfernen, tippen Sie auf das zugehörige Kreuzsymbol ⊗.

Um Widgets hinzuzufügen oder zu entfernen (die Auswahl gilt sowohl für die Mitteilungszentrale als auch für die Suchseite links neben dem Home-Bildschirm), tippen Sie unterhalb der Widget-Liste auf die Schaltfläche *Bearbeiten*.

Tippen Sie bei einem Eintrag auf das Symbol 🔴, um ihn zu entfernen, bzw. wählen Sie das Symbol 🟢, um einen Eintrag hinzuzufügen. Um die Reihenfolge der Widgets anzupassen, tippen Sie bei einem Widget auf das Symbol ☰ und ziehen es in die gewünschte Position.

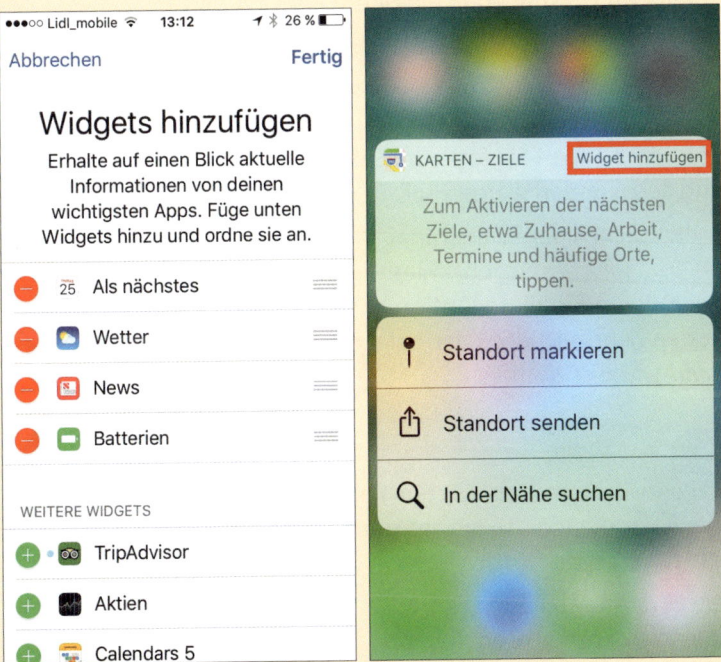

Gut zu wissen: Bei einigen Apps kann das Hinzufügen des entsprechenden Widgets auch per 3D-Touch-Menü erfolgen.

## Bestimmen Sie, wie eine App Sie benachrichtigen darf

Wie bereits an anderer Stelle erwähnt, werden Sie von einer App jeweils gefragt, ob sie Ihnen Hinweise senden darf. Das Mitteilungsverhalten einer App lässt sich aber auch noch nachträglich konfigurieren. Öffnen Sie dazu die *Einstellungen* und wählen Sie *Mitteilungen*.

Zum Ändern des Mitteilungsverhaltens einer App tippen Sie die App an. Dies sind die wichtigsten Mitteilungsoptionen, die sich ganz nach Ihren Bedürfnissen anpassen lassen:

- *Mitteilungen erlauben*: Entscheiden Sie mit dieser Option, ob überhaupt Mitteilungen ausgegeben werden sollen oder nicht.

- *In Mitteilungszentrale anzeigen*: Dürfen Mitteilungen einer App in der Mitteilungszentrale dargestellt werden? Bestimmen Sie das mit diesem Eintrag.

- *Töne*: Hier können Sie festlegen, welcher Ton bei einer Benachrichtigung ausgegeben werden soll.

- *Kennzeichenzähler*: Manchmal nerven die Kennzeichenzähler. Deaktivieren Sie diese Option, um den Kennzeichenzähler bei einer App zu entfernen.

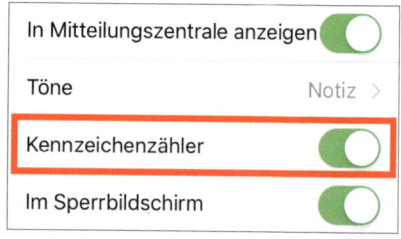

- *Im Sperrbildschirm*: Diese Option haben Sie bereits in Kapitel 4 kennengelernt. Sie dient dazu, Hinweise auf dem Sperrbildschirm zu erlauben bzw. zu verhindern.

- *Hinweisstil*: Unter diesem Eintrag schließlich entscheiden Sie, ob die Benachrichtigungen in Form eines Hinweises mitten auf dem Display oder in Form eines Banners oben auf dem Display dargestellt werden sollen. Die Benachrichtigungen lassen sich auch komplett abschalten.

Je nach App gibt es noch weitere Konfigurationsmöglichkeiten, beispielsweise lässt sich eine Vorschau aktivieren bzw. deaktivieren. Schauen Sie sich am besten die Mitteilungseinstellungen jeder installierten App an.

---

**Aktivieren bei Anheben abschalten**

Standardmäßig wird Ihr iPhone mit iOS 10 automatisch aktiviert, wenn Sie es anheben. Das ist praktisch, um sofort einen Blick auf die Mitteilungen werfen zu können, die auf

| Automatische Sperre | 2 Minuten > |
|---|---|
| Bei Anheben aktivieren | |

dem Sperrbildschirm angezeigt werden. Andererseits kostet es aber zusätzlichen Strom. Wenn Sie die Funktion deshalb lieber abschalten möchten, tun Sie dies in den iPhone-Einstellungen unter *Anzeige & Helligkeit*: Stellen Sie dort den Schalter *Bei Anheben aktivieren* auf *Aus*.

---

# Wichtige Tipps zu Code-Sperre und Touch ID

Das iPhone selbst ist schon kostbar, aber noch kostbarer sind die Informationen, die Sie im Laufe der Zeit darauf speichern: Kontakte, Dokumente, Fotos und vieles mehr. Sie sollten Ihr iPhone deshalb unbedingt mit einer Code-Sperre schützen.

Standardmäßig wird Ihnen beim Einrichten des iPhones das Erstellen eines sechsstelligen Codes angetragen. Noch sicherer ist ein längerer alphanumerischer Code – aber natürlich auch mühseliger zum Merken und Eintippen. Der alphanumerische Code kann neben Ziffern auch Buchstaben und Sonderzeichen beinhalten. Wenn Sie sich aus Sicherheitsgründen für einen solchen Code entscheiden möchten, gehen Sie dazu folgendermaßen vor:

1 Öffnen Sie die *Einstellungen* und wählen Sie *Touch ID & Code*.

2 Geben Sie Ihren bisherigen Code ein.

**3** Tippen Sie auf *Code ändern*.

**4** Sie werden erneut zur Eingabe des bisherigen Codes aufgefordert; anschließend wählen Sie *Codeoptionen*.

**5** Im sich öffnenden Menü entscheiden Sie sich für den Eintrag *Eigener alphanumerischer Code*.

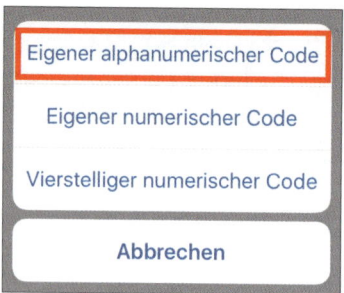

**6** Geben Sie zweimal den gewünschten Code ein. Wählen Sie am besten einen Code, der beim Eintippen keine häufigen Wechsel der Tastaturebenen erfordert!

### Daten löschen bei zu vielen Fehlversuchen

Ihre Daten sollen lieber gelöscht werden, bevor sie einem Dieb in die Hände fallen? Aktivieren Sie in den *Einstellungen* unter *Touch ID & Code* die Option *Daten löschen*, wird das iPhone nach zehn falschen Code-Eingaben zurückgesetzt.

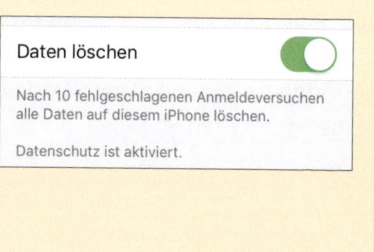

## Damit die Touch ID besser reagiert

Die Touch ID, die auf iPhones ab Version 5s zur Verfügung steht, hilft wirklich dabei, das iPhone schneller zu entsperren. Doch manchmal wird der eigene Fingerabdruck nicht erkannt. Um die Erkennung zu verbessern, verwenden Sie einen simplen Trick:

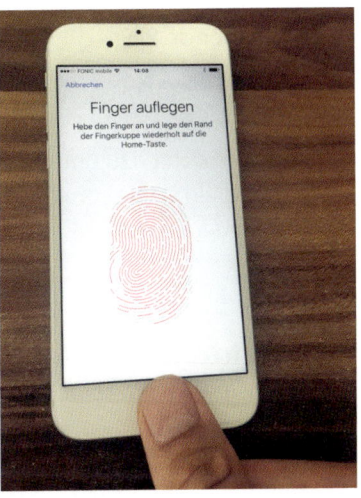

Legen Sie denselben Finger mehrmals an! Tippen Sie in den *Einstellungen* unter *Touch ID & Code* auf *Fingerabdruck hinzufügen* und scannen Sie den Finger, beispielsweise den rechten Daumen, bis zu fünf Mal ein.

### Risiken bei der Nutzung der Touch ID

Supersicher ist die Touch ID nicht. Mal abgesehen davon, dass schon ein gewisses Vertrauen dazu gehört, seinen Fingerabdruck auf einem amerikanischen Gerät zu speichern (er wird aber nur lokal gesichert), ist es auch denkbar, dass per Touch ID jemand Zugang zu Ihrem iPhone erhalten könnte, während Sie schlafen. Außerdem heißt es, bei USA-Reisen aufzupassen: Dort kann man von der Polizei zum Entsperren eines iPhones per Touch ID gezwungen werden, nicht jedoch zum Entsperren per Code!

## Sorgsam mit dem Apple-Passwort umgehen!

Ich kenne Personen, die jedem das zu ihrer Apple-ID gehörende Passwort auf die Nase binden. Das ist schon sehr leichtsinnig, denn Sie wissen ja, was man mit der Apple-ID alles anstellen kann – von der Ortung übers Internet über Einkäufe im iTunes Store bis hin zum E-Mail-Versand vom iCloud-Mail-Account aus. Das zu Ihrer Apple-ID gehörende Passwort sollten Sie deshalb genauso geheim halten wie die zu Ihrer Bankkarte gehörende PIN!

Ändern Sie außerdem regelmäßig, etwa
einmal im Vierteljahr, Ihr Passwort. Entscheiden Sie sich dazu unter der Webadresse appleid.apple.com für den Link
*Passwort ändern* und folgen Sie den Anweisungen.

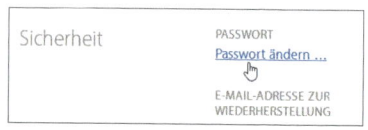

# Bestimmte Daten oder sämtliche Inhalte zurücksetzen

Wenn das iPhone mal nicht mehr reagieren sollte, führen Sie einen Reset durch, indem Sie den Ein-/Ausschalter und die Home-Taste gleichzeitig für ein paar Sekunden gedrückt halten. Das iPhone wird daraufhin neu gestartet – die auf dem iPhone gespeicherten Inhalte bleiben selbstverständlich erhalten.

Sie können aber natürlich jederzeit bestimmte Daten oder sämtliche Inhalte
zurücksetzen – Letzteres ist insbeson-

dere dann erforderlich, wenn Sie das iPhone verkaufen oder an eine andere Person weiterreichen. Die Optionen zum Zurücksetzen finden Sie in den *Einstellungen* unter *Allgemein* und dort unter *Zurücksetzen*. Hierzu ein Überblick:

- *Alle Einstellungen*: Diese Option wählen Sie, um die Einstellungen des iPhones auf den Werkszustand zurückzusetzen. Die auf dem iPhone gespeicherten Apps und Dateien bleiben davon unberührt.

- *Inhalte & Einstellungen löschen*: Mit dieser Option setzen Sie Ihr iPhone komplett zurück, d. h., es wird auf den Werkszustand zurückgesetzt, sämtliche Einstellungen, Apps und Dateien werden gelöscht.

- *Netzwerkeinstellungen*: Wie der Name schon sagt, werden mit dieser Option die Netzwerkeinstellungen gelöscht. Die WLAN-Passwörter müssen nach dem Zurücksetzen neu eingegeben werden.

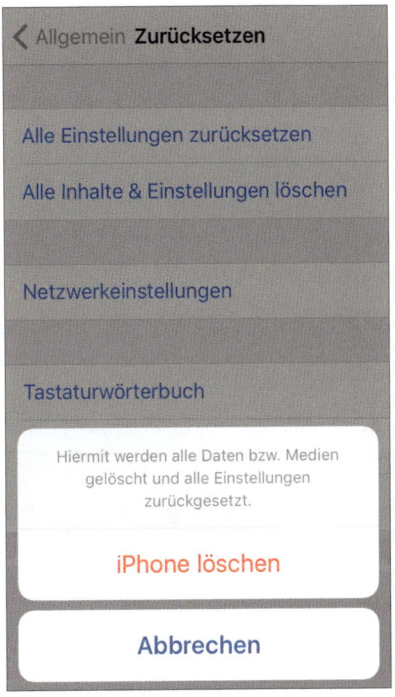

- *Tastaturwörterbuch*: Diese Option haben Sie bereits in Kapitel 2 kennengelernt. Löschen Sie damit die Daten, die das iPhone durch Ihre Tastatureingaben erlernt hat.

- *Home-Bildschirm*: Mit dieser Option erhalten Sie den Home-Bildschirm zurück, der Ihnen nach der Inbetriebnahme Ihres iPhones angezeigt wurde. Dies betrifft aber nur die Anordnung der Apps, die von Ihnen installierten Apps werden nicht gelöscht.

- *Standort & Datenschutz*: Machen Sie mit dieser Option alle im Zusammenhang mit dem Standortzugriff und Datenschutz getätigten Freigaben rückgängig.

## W

## Z